中国五岳名山

张湘江 著

中国商业出版社

图书在版编目（CIP）数据

中国五岳名山 / 张湘江著 . -- 北京：中国商业出版社，2022.10
ISBN 978-7-5208-2260-2

Ⅰ. ①中… Ⅱ. ①张… Ⅲ. ①五岳—介绍 Ⅳ. ① K928.3

中国版本图书馆 CIP 数据核字（2022）第 182134 号

责任编辑：王　静

中国商业出版社出版发行
（www.zgsycb.com　100053　北京广安门内报国寺 1 号）
总编室：010-63180647　编辑室：010-83114579
发行部：010-83120835/8286
新华书店经销
三河市吉祥印务有限公司印刷

*

710 毫米 ×1000 毫米　16 开　11 印张　132 千字
2022 年 10 月第 1 版　2022 年 10 月第 1 次印刷
定价：47.00 元

****

（如有印装质量问题可更换）

序言

国粹者，民族文化之精髓也。

中华民族在漫长的发展历程中，依靠勤劳的素质和智慧的力量，创造了灿烂的文化，从文学到艺术，从技艺到科学，创造出数不尽的文明成果。国粹具有鲜明的民族特色，显示出中华民族独特的艺术渊源以及技艺发展轨迹，是民族智慧的结晶。

梁启超在1902年写给黄遵宪的信中就直接使用了"国粹"这一概念，其观点在于"养成国民，当以保存国粹为主义，当取旧学磨洗而光大之"。当时国粹派的代表人物黄节于1902年在《国粹保存主义》一文中写道："夫国粹者，国家特别之精神也。"章太炎1906年在《东京留学生欢迎会演说辞》里也提出了"用国粹激动种性"的问题。

1905年《国粹学报》在上海的创刊第一次将"国粹"的概念带入了大众的视野。当时国粹派的主要代表人物有章太炎、刘师培、邓实、黄节、陈去病、黄侃、马叙伦等。为应对西方文化输入的影响，他们高扬起"国学"旗帜："不自主其国，而奴隶于人之国，谓之国奴；不自主其学，而奴隶于人之学，谓之学奴。奴于外族之专制谓之国奴，奴于东西之学，亦何得而非奴也。同人痛国之不立而学之日亡，于是瞻天与火，类族辨物，创为《国粹学报》，以告海内。"（章太炎：《国粹学报发刊词》）

中华民族经历着伟大的历史复兴，中国崛起于世界之林，随着经济的发展，国家日渐强大，文化的影响力日益凸显。

20世纪，特别是80年代以来，国学已是社会和学界关注的热门。21世纪，我国经济、文化有了更大的发展，从文化自信到文化强国，我们有全面梳理中国传统文化精华，并加以宣扬和传播的使命与义务，以便广大读者特别是青少年，对其重新认知和用心守护。

因此，国粹系列丛书的出版恰逢其时。这套书有四大特色。

第一，这套书是在当下信息时代的大背景下，立足中国传统文化经典，重视学术资料性，以图文并茂的形式，全面系统地阐释中华国粹。同时，每一种书都有深入探索，在"历史—文化"的综合视野下，对各时代人们的生活情趣和心理境界作了具体探讨。它既是记录中华国粹经典、普及中华文明的读物，又是兼具严肃性和权威性的中华文化典藏之作，可以说是学术性与普及性的结合。这当能使我们现代年青一代，认识中华文化之博大精深，感受中华国粹之独特魅力，进而弘扬中华文化，激发爱国主义热情。

第二，这套书既注重对文化作历史性的线索梳理，探索不同时代特色和社会风貌，又沟通古今，着重联系现实，吸收当代社会科学与自然科学的新鲜知识，形成更为独到的研究视野与观念。其中不少书的历史记述从先秦两汉开始，直至20世纪，这确为古为今用提供了值得思索的文本，通过对各项国粹的历史发展脉络的梳理总结，提出了很多建设性的意见和发展策略。

第三，这套书既注重历史发展梳理，又注重对地域文化进行探索、研究。例如，《中国古代木雕》一书，既统述了木雕艺术的发展历程（自商周至明清），又分列了江浙地区、闽台地区、广东地区，以及西部少数民族地区的木雕艺术特色。再如，《中国古代饮食文化》一书，既介绍了我国饮食文化的发展历程,又论述了中国八大菜系的具体知识,即鲁菜、川菜、粤菜、闽菜、苏菜、浙菜、湘菜、徽菜。这套书在记述中注意与社会风尚、民间习俗相结合,确能引起人们的思乡之情。中华民族文化是一个整体,但它是由许多各具特色的地域文化组合、融汇而成的。不同地域的文化具有不同的色彩,这就使中华文化多姿多彩,展示地域文化的特点,无疑将把我们的文化史研究引向深入。另外,这套书还探讨了多种国粹对其他国家的影响。中华文明在国外的传播,已经形成一种异彩纷呈、底蕴丰富的文化形象,对中外文化交流起到了促进作用。

第四,这套书,每一种都图文并茂、文字流畅,饶有情趣,极具吸引力。特别是在介绍山水、田园,以及各种戏曲、说唱等艺术品类时,更是"使笔如画",使读者徜徉在美不胜收的艺术境地。阅读者会得到知识的增进和审美情趣的愉悦。

时代呼唤文化,文化凝聚力量,文化越来越成为民族凝聚力和创造力的重要源泉。要大力弘扬中华优秀传统文化,大力发扬社会主义先进文化,把我国建设成为文化强国,实现中华民族的伟大复兴。我们希望这套国粹经典,不仅能促进青少年阅读,还能服务于当前文化的奋进新征程,铸就辉煌前景。

王 俊
于普纳威美亚公寓
壬寅年春

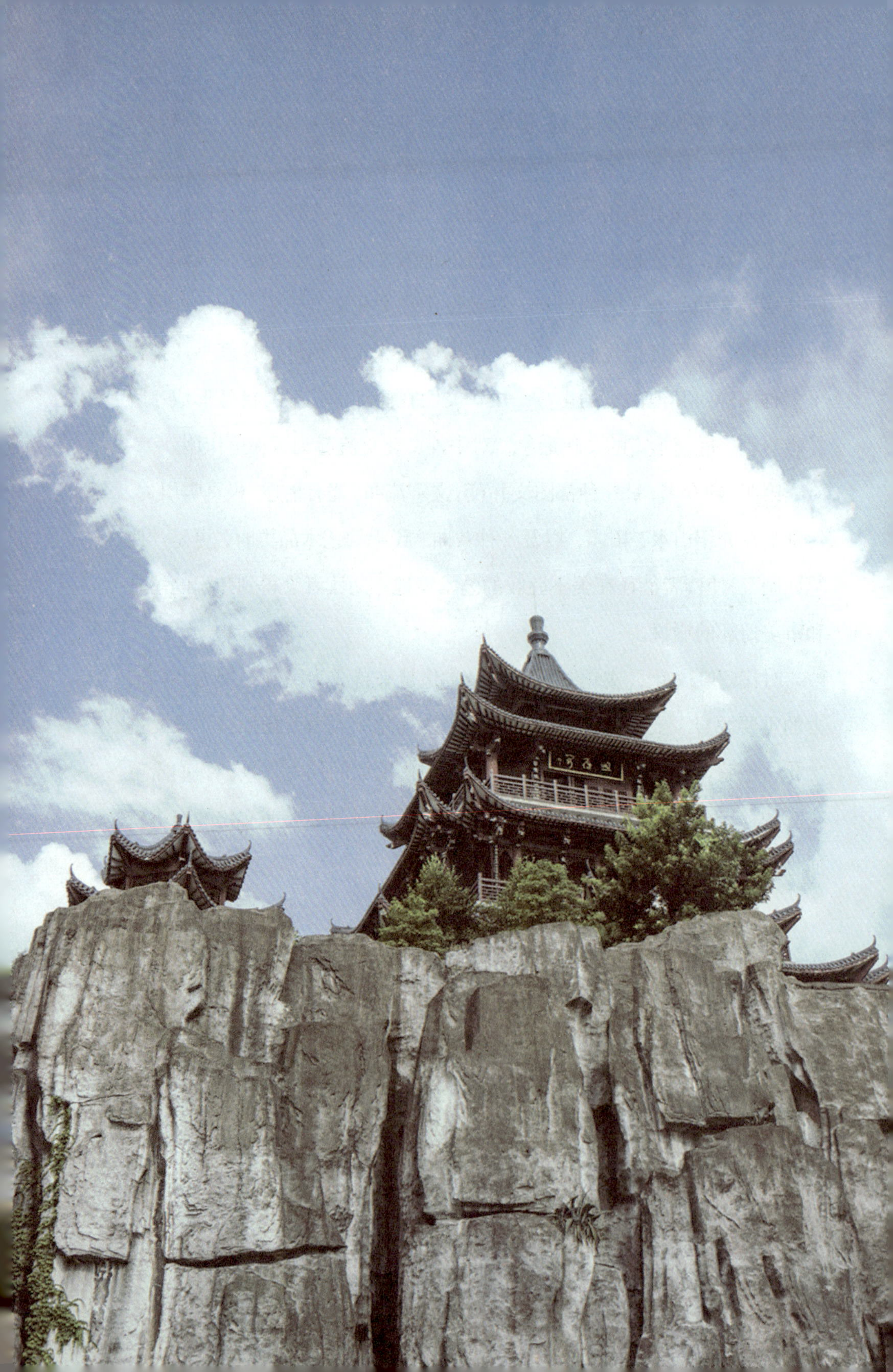

第一章　五岳概述

第一节　五岳的由来 ··· 2
　一、五岳的传说 ··· 2
　二、五岳的自然形成过程 ································· 5
第二节　五岳印象与五岳的文化 ··························· 9
　一、闻名五岳 ··· 9
　二、五岳与古文化的渊源 ································ 10

第二章　东岳泰山

第一节　泰山为何是五岳独尊 ···························· 15
第二节　泰山的自然地理状况 ···························· 18
　一、泰山的自然景观 ···································· 18
　二、泰山的地质文化 ···································· 20

第三节　历史名人与泰山……………………………………23
　　一、孔子"登泰山而小天下"………………………………23
　　二、司马迁与《封禅书》…………………………………27
第四节　泰山的历史文化古迹………………………………31
　　一、岱庙……………………………………………………31
　　二、泰山的石刻……………………………………………33
　　三、泰山的碑碣……………………………………………37
　　四、泰山石敢当……………………………………………39

第三章　西岳华山

第一节　华山的自然地理状况………………………………43
第二节　华山的传说…………………………………………46
　　一、沉香劈山救母…………………………………………46
　　二、铁拐李华山炼丹………………………………………49
第三节　历史名人与华山……………………………………53
　　一、白居易与华山之缘……………………………………53
　　二、老子与华山……………………………………………58
　　三、陈抟老祖与华山………………………………………61
第四节　华山的历史文化古迹………………………………65
　　一、西岳庙…………………………………………………66
　　二、玉泉院…………………………………………………67

三、云台宫 …………………………………………………… 70

第四章　南岳衡山

第一节　衡山的自然地理状况 …………………………………… 75
　　一、衡山的地理位置 ………………………………………… 75
　　二、衡山的自然景观 ………………………………………… 76
第二节　历史名人与衡山 ………………………………………… 78
　　一、韩愈开云 ………………………………………………… 78
　　二、李泌南岳隐居 …………………………………………… 80
　　三、李白、杜甫的衡山诗篇 ………………………………… 82
　　四、朱熹三任南岳庙祀官 …………………………………… 86
第三节　衡山的历史文化古迹 …………………………………… 89
　　一、主要道观 ………………………………………………… 90
　　二、主要寺庙 ………………………………………………… 95
　　三、磨镜台 …………………………………………………… 100

第五章　北岳恒山

第一节　恒山的自然地理状况 …………………………………… 104
　　一、恒山奇峰——兵家必争之地 …………………………… 104

二、恒山十八景 ·· 106

第二节　历史名人与恒山 ·· 111

　　一、隋炀帝的恒山之难 ······································ 111

　　二、徐霞客的恒山行 ·· 114

　　三、李白游恒山 ·· 118

第三节　恒山的传说 ·· 120

　　一、两座北岳恒山之说 ······································ 120

　　二、飞石窟传奇 ·· 122

　　三、鲁班与张果老 ·· 124

第四节　恒山的历史文化古迹 ······································ 127

　　一、建筑奇观——悬空寺 ···································· 128

　　二、其他寺庙 ·· 131

第六章　中岳嵩山

第一节　嵩山的自然地理状况 ······································ 133

　　一、嵩山的自然景观 ·· 133

　　二、世界地质公园 ·· 137

第二节　历史名人与嵩山 ·· 142

　　一、武则天封禅 ·· 143

　　二、楚汉争霸的战场 ·· 145

第三节　嵩山的历史文化古迹 ······································ 149

一、少林寺 …………………………………… 151
二、其他历史文化古迹 ……………………… 158

参考文献……………………………………… 161

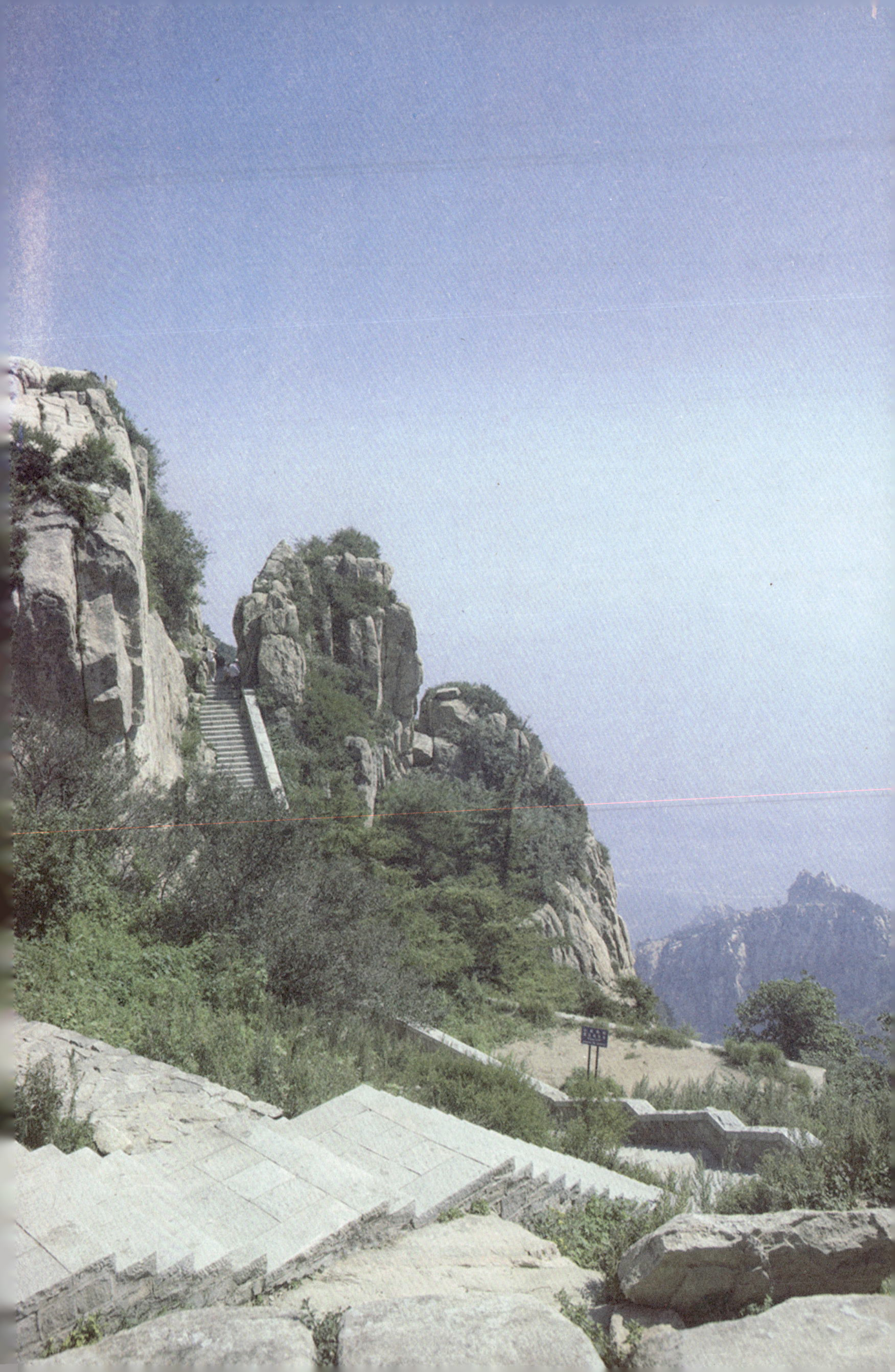

第一章

五岳概述

第一节 五岳的由来

一、五岳的传说

五岳中"岳"的意思就是指高峻的山。中国有很多的名山大川,但只有五座山被称为五岳,它们就是位于我国中原地区的东、南、西、北方和中央的五座高山,即东岳泰山、南岳衡山、西岳华山、北岳恒山、中岳嵩山。关于"五岳"一词的来源,说法不一,有的人认为源于中国的五行思想,有的人认为源于古人对山岳、山神的崇拜,也有传说认为盘古死后,头和四肢化为五岳。五岳所蕴含的文化,已经成为我国民族文化中不可或缺的一部分。

盘古是中国古代传说中开天辟地的神。传说在天地还没有开辟以前,宇宙就像是一个大鸡蛋一样混沌一团。盘古正是在这一团混沌里孕育出来的一个精灵,他不停地生长着,千百万年后,盘古长成了一个巨人。就在这个大鸡蛋般混沌的宇宙中,盘古一直酣睡了约18000年才醒来。盘古醒来后发现在一片混沌中看不到光明和事物,这不禁让他愤怒地跳跃、喊叫。他的叫声传到天宫灵霄宝殿玉皇大帝的耳朵里，玉皇大帝随手抓起一把板斧，倏地向身处在一团混沌中的巨人盘古抛了过去。盘古看到板斧飞来发出的一丝亮光，伸手一抓，竟抓到了斧柄，他凭借着自己的神力一劈，把宇宙劈出了一道缝隙，盘古必须用双臂撑着这个缝隙，不然这道带来光明的缝隙随时会再一次合上。他不敢将上举的双臂放下来，一直用力向上举着。就这样，盘古用力向上伸

盘古

举双臂，使得他浑身的骨骼像竹笋拔节一样一日日生长，随着其骨骼的生长，他浑身的肌肉也生长不息。盘古的身躯于是每天长高一丈，也就把他用板斧砍开的狭窄缝隙每日加高一丈，如此108000年过去了，盘古身长108000丈，被他用板斧砍开的缝隙，也长到了108000丈。盘古眼见缝隙上下相距已经十分遥远，不会再合拢在一起，才放心地仔细看他的头顶上方和脚底下。盘古向上一看，只见原先混沌的黑暗已经全部变成了湛蓝、透明的天空。随后他又向脚下看去，只见那原先混沌的黑暗已经全部变成了沉厚的黄褐色大地。盘古看着这无边无涯又无比深厚的黄褐色大地，和那湛蓝、透明的天空，只见光明万里，黑暗隐去。盘古自己顶天立地支撑了太久，他感觉太累了，已经慢慢地衰老了，最后终于溘然长逝，刹那间巨人倒地。他倒下时身躯突然

河南泌阳县盘古山《盘古开天之处》刻字

间迸射出万道光芒,随着光芒的射出,他身躯的每一个部位都发生了变化。他的左眼飞上东天变成了太阳,右眼飞上西天变成了月亮与太阳遥遥相对;他的头发和胡须变成了夜空的星星;他嘴里呼出的气流,化成了化育万物的春风、天空中蒸腾的云雾、浓云里的闪光和震耳欲聋的惊雷;他的身体变成了拔地冲天的五岳高山,他的头变成了东岳,腹变成了中岳,左臂变成了南岳,右臂变成了北岳,两脚变成了西岳;他的筋络延伸,变成了四通八达的道路;他的血液四溢流淌,变成了奔腾不息的江河;他的牙齿和骨骼飞散开来,变成了闪光的金属、洁白的美玉、晶莹的珍珠、美丽的玛瑙和地下无穷的宝藏;他的皮肤和汗毛变成了大地上的草木;他的汗水变成了雨露。盘古的精灵魂魄也在他死后变成了人类。盘古开天辟地造就了世界,后人尊其为人类的祖先。因为他的头部变成了泰山,所以,泰山就被称为至高无上的"天下第一山",成了五岳之首。

知识小百科

"五岳"称呼何时来？

早期史书记载，远古时代尧在位时期，五岳还没有形成，尧让羲和氏的4个儿子分别管理四岳，这个四岳在当时还是指四方的意思。

到了舜在位时，舜在不同月份分别在岱宗泰山、南岳衡山、西岳华山、北岳恒山、中岳嵩高（嵩山的另一名称）打猎。这时五岳已经基本确定，但是正式提出五岳之说的是舜的儿子大禹。到秦始皇时有了封禅大典，但是此时并没有形成五岳制度，一直到汉朝汉武帝时确立了五岳制度，至汉宣帝时，才颁布圣旨把五岳制度颁召于天下。

另有五岳来自五行说。古代封建帝王把五岳看成是神的象征。春秋产生了"五行"之说，战国时颇为流行。由于阴阳学家邹衍等人的大力宣扬，"五德终始论"越来越盛，"五岳"之说才应运而生。

二、五岳的自然形成过程

五岳形成的真正原因是地壳运动的结果。

距今24亿年左右，鲁西地区发生了一场强烈的造山运动，即泰山运动，使这一带原先堆积的岩层隆起，耸立在海平面之上。经过约19亿年的风化剥蚀，地壳渐趋平缓。在古生代时期，华北广大地区大幅度下沉，古泰山也随之沉入海中。在中生代后期，距今1亿年左右，受燕山运动影响，泰山一带地层发生断裂，一部分大幅度被抬升，逐渐形成了今天的泰山。

华山由坚硬的花岗岩组成，是秦岭支脉中华山山脉的一部分。在

泰山

距今 10 亿年前左右，这里的地壳发生了变化，形成了一片东西狭长的陆地。在距今 1.4 亿年前左右，这一地带又发生一次强烈的隆起，岩层受到挤压，形成了褶皱。在 8000 万年前，秦岭和渭河平原交接处地带断裂，秦岭断块迅速长高。位于秦岭北坡的华山由于南北两侧层带的错动，内部岩层受到强大的横压力，从而形成了山势陡峭如削的形态。

华山云海

衡山也是花岗岩地层，在距今300多万年前，受到喜马拉雅造山运动的影响，发生了断层，经过两次断层运动后，上升的地带就成了今天衡山的主体。加上长时间的风吹雨蚀，成就了雄伟秀丽的衡山。

衡山雾锁天柱山

恒山位于黄土高原与太行山脉构造体系的过渡地带。受到中生代时期燕山运动的影响，地层发生断裂，火山喷发，后又发生过喜马拉雅造山运动，历经多次地壳运动，形成了今天雄伟壮丽的恒山。

恒山

嵩山是秦岭东端的一部分，这一地区在23亿年前还是一片汪洋大海，在以后的漫长岁月中，经过两次地表的上升，终于露出水面。又经过1亿年前延续时间很长的燕山运动，受到南北方向地壳的挤压，成就了今天嵩山的面貌。

嵩山

知识小百科

长久以来中国五岳的地位一直很高，但从地理上来看，五岳并不是我国最高的山岭，只是因为它们都矗立于平原或盆地之上，就显得格外险峻了。

第二节 五岳的文化与五岳印象

一、闻名五岳

孔子曾叹"登泰山而小天下",唐代诗人杜甫写下了"会当凌绝顶,一览众山小"的豪言壮语,可见泰山的巍峨陡峻,气势磅礴。西岳华山,五岳之中最为险峻,"自古华山一条路,登临犹比上天难"。南岳

华山风光

衡山地临湘水之滨，树木苍郁，景色幽秀，享有"五岳独秀"的美名。北岳恒山虽然山势陡峭、沟谷深邃、交通不便，但是深山藏宝，"悬空寺"便隐匿其中。中岳嵩山雄险有之，奇秀有之，似乎突出在一个"奥"字上：嵩山留下了覆盖经济、文化、艺术、宗教、科技全方位博奥精深的历史文化遗产，佛、道、儒三教荟萃，天、地、人竞相生辉，山、寺、貌互补争艳。可以说五岳之妙尽在东岳泰山之雄，西岳华山之险，南岳衡山之秀，北岳恒山之幽，中岳嵩山之峻。观之泰山如坐，华山如立，衡山如飞，恒山如行，嵩山如卧。

二、五岳与古文化的渊源

五岳与中国的古文化有着密切的联系。古文化即炎黄文化，我们中华民族向来以炎黄子孙自居，炎黄指的就是炎帝和黄帝两位先祖帝王，关于二帝的传说大都与五岳有关。

河南省向阳山炎黄雕塑

传说炎帝和黄帝是同父异母的兄弟，炎帝生于"华山之阳"（古代以山南、水北为阳，以山北、水南为阴），也就是华山南侧一带，黄帝生于泰山的南侧。也有传说炎帝生于嵩山的华阳寨，后来炎帝部落迁徙至泰山一带。远古时代炎、黄之间发生过一次著名的战争，即涿鹿之战，在这场战争中，黄帝取得了绝对的胜利，之后黄帝又打败了蚩尤部落，夺取了中原一带。

知识小百科

"五岳"被誉为中国的"五大奇观"。

五岳的景观各具特色：

泰山雄，华山险，衡山秀，恒山幽，嵩山峻。

远观历史，炎帝就曾建都在泰山一带，可见泰山的文化根基之久远。泰山历史地理位置处于古代中国的经济发达地区——黄河下游；文化地理位置在东夷文化中心地带，泰山南麓有大汶口文化，北麓有龙山文化，是齐鲁之邦的中心地带。在泰山一带发现的大量的旧石器时期和新石器时期的文化遗存都证明了这一带曾经的繁荣，并且在这一带形成了泰山文化圈。在春秋时期，泰山南侧的曲阜诞生了一代圣人孔子，更是把我国的古文化推上了顶峰。孔子创立的儒家学说在封建时代作为主流学说，一直统治人们的思想长达两千年之久，留下了珍贵的传统文化遗产。至今其学说中的很多精华部分仍被国人推崇。

旧史记载，伏羲曾在华山一带带领他的子民过着渔猎生活。可见华山很早就是人类繁衍生息的地方，传承着人类文明。另外，华山一直被人们看成是老子传经布道的地方，有种说法认为华山就是中国道教的发源地。历朝历代在华山诞生了很多道教大师，因此华山在我国道教发展史上有重要的地位。

历史记载尧、舜每次都到衡山打猎，大禹也曾在治水期间到过衡山，这些都肯定了衡山的文化源远流长。佛教传入以后，这里更是造就了一代代佛教大师。

衡山寿鼎

北岳恒山出土了大量具有5000多年历史的文物，其中包括很多凸显地方特色及风格的彩陶和青铜器，这些文物本身就证明了这里的古文明程度。

可见，五岳文化源远流长，是我国古文化的一部分，所以五岳也是我国的文化名山。

魏晋南北朝时期，佛教和道教开始在五岳修建佛寺、道观，进行宗教活动，五岳的每座山均尊奉一位"岳神"（或称"大帝""神君"等），作为掌管该山的最高神。这五座山上的自然风景也逐渐被开发出来，供朝山信徒游览。于是，五岳又成为兼具自然景观之美和佛教、道教人文景观之胜的风景名胜区。唐宋以前，五岳大都是佛教、道教共尊，寺、观并存。到明清时期，南岳衡山、北岳恒山和中岳嵩山仍保持着佛教、道教共尊的局面，而东岳泰山和西岳华山则以道教势力为主，成为中国道教的中心。

千百年来，五岳在古人心目中都有着至关重要的地位。皇帝到这里祭祀，僧人、道士在这里修行、念经，善男信女在这里烧香许愿，名人雅士在这里赋诗、作画，给五岳留下了众多人文遗迹。

衡山玄都观

第二章

东岳泰山

第一节 泰山为何是五岳独尊

庄严神圣的泰山，两千年来一直是帝王朝拜的对象，山中的人文杰作与自然景观完美、和谐地交融在一起。泰山一直是中国艺术家和学者的精神源泉，孔子曾留下了"登泰山而小天下"的赞叹，杜甫也留下了"会当凌绝顶，一览众山小"的千古绝唱。泰山，无论从时间上还是从空间上看，都包含着极为丰富的内容，具有极高的美学、科学和历史文化价值。可以说，泰山是历史上中华民族精神文化的缩影和象征，是世界上独一无二的文化与历史遗产。

东岳泰山被尊为五岳之首，早已闻名于世。泰山之所以是五岳之首，

泰山

除了神话传说的解释外，也是与历史上的帝王封禅分不开的。

封禅祭祀是古代帝王在泰山举行的祭祀天神地祇的仪式。其仪式包括"封"和"禅"两部分，所谓"封"，就是在

《五岳独尊》石刻

泰山之顶聚土筑圆台来祭天帝，意为增泰山之高以表功归于天；所谓"禅"，就是在泰山之下的小山丘上积土筑方坛来祭地神，意为增大地之厚以报福广恩厚。

在我国历史上，不是所有的帝王都有资格来泰山封禅的，基本上要符合三个条件才行，第一个条件是改朝换代，国家统一；第二个条件是帝王在位的时候必须政绩卓著，拥有国人都信服的功绩，要国泰民安、国富民强；第三个条件比较特别，其实在一定背景下也较容易实现，就是必须有祥瑞出现，也就是有一个吉祥物在当朝出现。所以绵延几千年的泰山封禅已经不再是简单的山川崇拜，而是包含着对泰山神灵的极端崇拜和有着宏大政治背景的文化奇观。

泰山封禅祭祀起源于远古时代的泰山崇拜。《史记·封禅书》中有十二位帝王封禅泰山的记载，这便是早期泰山山川崇拜活动的记录。我国最古老的史书《尚书》，也有关于舜到岱宗泰山巡狩时望祭山川的记载。这种祭祀形式可以说是后来封

《中华泰山》石刻

禅的雏形。祭祀泰山的活动史不绝书,在封禅盛行的秦汉至唐宋时代,帝王频频前来祭祀。宋代以后,封禅大典不再举行,祭祀泰山更成了帝王在泰山与天地进行对话的唯一手段,备受重视,清代康熙皇帝和乾隆皇帝都曾祭祀泰山。

封禅的理论起源于战国时代的齐、鲁两国,而第一位举行大规模封禅仪式的是秦始皇。秦始皇亲自祭祀的地方只有泰山一处。到了唐代,封禅活动更加频繁。经过历代封建帝王的大肆崇拜,泰山的地位更高了。

秦始皇嬴政,统一六国前二年(公元前219年),就率群臣东封泰山,在岱顶刻石颂德。秦始皇逝世后第二年(公元前209年),他的二儿子胡亥就效法乃父再登泰山,并在秦始皇刻石的背面,又刻其诏书,极力颂扬秦始皇创世立业之功德。这种隆重的封禅仪式的目的,就是告成于天,借泰山向天下夸耀自己文治武功的功业。所以这时的封禅是封建帝王受命于天,定鼎中原的政治象征。但有唐代以来的封禅泰山,给泰山加以至尊至贵的尊号,则有借泰山之威势而求庇佑之意。

知识小百科

我国历史上有哪几位帝王在泰山举行过封禅大典?

历史记载,数千年来,有12位皇帝曾到泰山祭祀,包括秦始皇、秦二世,西汉汉武帝、汉章帝、汉安帝,东汉光武帝,隋文帝,唐朝唐高宗、唐玄宗,宋朝宋真宗,清朝康熙皇帝、乾隆皇帝。

但是自秦始皇制定了封禅的礼仪规范后,只有6位皇帝到泰山举行了封禅仪式,他们是:秦始皇、西汉汉武帝、东汉光武帝、唐朝唐高宗、唐玄宗、宋朝宋真宗。

第二节 泰山的自然地理状况

一、泰山的自然景观

泰山有"天下第一山"之美誉，是中国最美的、最令人震撼的名山之一，以五岳独尊的盛名称誉古今。它位于山东省中部，隶属于泰安市（地级市）。绵亘于泰安、济南、淄博三市之间，东西长约200公里，南北宽约50公里。主峰玉皇顶位于泰安市城区以北，东经117°6′、北

泰山风光

纬 36°16′，海拔 1545 米。泰山贯穿山东中部，其主脉、支脉、余脉涉及周边十余县。泰山可谓东望黄海，西襟黄河，汶水环绕，前瞻圣城曲阜，背倚泉城济南，以拔地通天之势雄峙于中国东部。

泰山于 1987 年被列入世界自然文化遗产名录。著名风景点有天柱峰、日观峰、百丈崖、仙人桥、五大夫松、望人松、龙潭飞瀑、云桥飞瀑、三潭飞瀑等。旭日东升、晚霞夕照、黄河金带、云海玉盘被誉为岱顶四大奇观。

知识小百科

五大夫松的由来

大夫松位于泰山云步桥北侧的五松亭旁。有石坊赫然而立，额题"五大夫松"。坊西古松既为五大夫松，又称"秦松"。"秦松挺秀"为泰安八景之一。

秦始皇统一六国后要到泰山封禅，此时儒生们商讨秦始皇封禅的时间、礼仪等诸多事项，秦始皇不听他们的建议，自己带着文武大臣浩浩荡荡地登上了泰山，祭了天，还在山顶上立起一块大石碑。不久，天色突变，乌云滚滚，眼看就要下大雨。有人说泰山山神发怒的时候，就有乌云黑雨，山洪暴发，秦始皇以为得罪了山神，慌张下山，手下一批人也紧跟而逃。这伙人刚刚跑到五松亭这个

泰山五大夫松

地方，一声惊雷，瓢泼大雨就劈头盖脸地下来了。秦始皇养尊处优惯了，别说山洪，这场大雨就淋得站立不住，眼看要被冲下山去。正在危急时候，忽然发现路边有一棵大松树。这位不可一世的皇帝，赶忙双膝跪在树前，两手死死抱住树干，口中念念有词，哀求树神保佑。雨下得快收得也快，不久就停了。秦始皇还真以为树神在护驾，于是就加封那棵救他的松树为"武大夫"。武大夫在当时的官阶为五级，是上品官位，后世讹传为五株。明代万历年间，古松被雷雨所毁。清雍正年间，钦差丁皂保奉敕重修泰山时，补植五株松树，现存二株，虬枝拳曲，苍劲古拙，自古被誉为"秦松挺秀"。

二、泰山的地质文化

泰山地质年龄接近 30 亿年，山体分 3 层台阶式地质结构，犹如登天台阶，坐北朝南，山体通体打开，一眼望遍全山，如佛似坐。泰山是世界地质公园，面积 15866 平方千米，地处我国东部大陆边缘构造活动带的西部，位于华北地台鲁西地块鲁中隆断区内，是华北地台的一个次级构造单元。泰山拥有的丰富地质遗迹资源，对于岩石学、地层学与古生物学、沉积学、构造学、地貌学以及地球历史等地

雨后的泰山彩石溪

质科学具有重要的研究价值。

泰山岩群是华北地区最古老的地层，记录了自太古代以来近30亿年漫长而复杂的演化历史，泰山地区是当前国际地质学研究早前寒武纪、新构造运动的前沿热点和焦点，是探索地球早期历史奥秘的天然实验室。

泰山地区在太古时代经历了剧烈的地壳抬升和沉降，终于在3000万年前形成了今天的泰山。泰山地区的寒武纪片麻岩群是华北台地的基底，地层剖面出露齐全，化石丰富，保存完好。泰山杂岩形成于太古代，年龄在20亿年左右。

泰山地貌分为冲洪积台地、剥蚀堆积丘陵、构造剥蚀低山和侵蚀构造中低山四大类型。在空间形象上，由低而高，造成层峦叠嶂、凌空高耸的巍峨之势，形成由多种地形群体组合的地貌景观。

泰山有丰富的地壳运动遗迹，在地质方面有丰富的研究成果，并设有著名的地质研究基地，具有世界意义的地质科学研究价值。

在泰山地质公园探测到了带有37.2亿年地球年龄信息的捕虏晶，证明了在泰山地区下存在着相当古老的岩石，泰山地质是世界最古地质区之一。泰山地区的科马提岩（科拉马提熔岩）目前在中国是唯一一处，在世界也只有五六个国家发现该地貌。

岱庙西轴线雨花道院北侧的泰山地质博物馆，占地6000平方米，展览陈列面积760平方米。通过大量的图片、文字及地质标本，全面细致地介绍了泰山沧海桑田的变迁、泰山地质公园地质遗迹园区划分及地质遗迹类型等地质学知识。

由于泰山丰富的地质信息和泰山蕴含的深厚文化，泰山石也有着独特的寓意。

泰山地区包括泰山余脉，其岩石以及附属矿产泛指泰山石，或泰

泰山石景观

山矿产。泰山石地质年龄在30多亿年，堪称元老石，地质遗存丰富，矿产多样，主要有景观石、奠基石、石膏、大理石、泰山玉（墨玉）。泰山石在中国甚至整个亚洲地区都占有重要地位。我们经常听到的成语，如稳如泰山、重如泰山、泰山北斗、国泰民安等，都反映了泰山和泰山石被赋予的独特内涵。

自秦汉未央宫开始，泰山石就被用作重要建筑的奠基及镇宅用石。时至今日，泰山石在很多地方都可以看到，从人民英雄纪念碑、人民大会堂、毛主席纪念堂、上海龙华烈士墓、雷锋墓、李大钊墓到奥运场馆基石、奥运公园观赏石、国家图书馆馆赋石，再到全国众多市政建筑基石，各地区民间住家，胡同口的石敢当，都有泰山石的身影，泰山石运用的广泛性更加肯定了它本身具有深刻的内涵和重要的价值。

第三节 历史名人与泰山

一、孔子"登泰山而小天下"

泰山与名人结缘，始于孔子。孔子曾经多次登临泰山抒怀畅志、考察封禅、学习礼仪、了解民情，留下了十分丰富的历史遗迹。由于孔子作为中国古代著名的政治家、思想家、教育家和文学家的特殊地位和影响，使后人竞相仿效，接踵而至。可以说孔子开创了名人登泰山

泰山孔子庙

的先河。孔子登临泰山不仅拓展了泰山文化的内涵,也使儒家思想文化借泰山之力发扬光大。登泰山成为继孔子之后历代文人名士不可缺少的生活内容,"登泰山而小天下"在中国知识分子的沿袭过程中成为一种积淀深厚的文化心理,蔓延成为流传久远的文化风气,登泰山也逐渐成为传统文化中的一大景观。

孔子在泰山一带有较多活动。他曾经登临泰山,考察封禅制度,还在泰山一带从事过政治活动,其中最著名的就是在泰山东侧莱芜境内的夹谷之会,孔子当时担任鲁国司寇。夹谷之会后的第四年,孔子辞去官职,离开鲁国,带领弟子周游列国,晚年返回鲁国,专心执教。孔子在离开鲁国途中,经过泰山以南,今新泰以西的龟山,看到肥沃的龟阴田,作了《龟山操》一曲。他在晚年回鲁国途中又路经泰山时,作《邱陵歌》一诗,这两首作品都表达了孔子政治抱负未遂的伤怀之情。

孔子曾登临泰山,观览名胜,泰山上下有不少孔子游览遗迹。

知识小百科

孔子其人

孔丘(公元前551年—前479年),字仲尼,春秋时鲁国昌平乡陬邑(今山东省曲阜市东南)人。儒家学派创始人,由他开创了私学,晚年曾周游列国,后又回到鲁国,收集整理文化典籍,把《诗》《书》《礼》《易》《乐》《春秋》等作为传授弟子的教本,得以流传后世。孔子对中国古代的文化、教育、学术的发展作出了巨大的贡献。孔子73岁病逝,葬于曲阜城北泗水边。他去世后由他的弟子及再传弟子整理编纂了《论语》一书,记载了孔子的主要思想。与《大学》《中庸》《孟子》并称为"四书"。

瞻鲁台，在岱顶南侧，是孔子登山眺望鲁国的地方。《孟子·尽心上》里记载："孔子登东山而小鲁，登泰山而小天下。故观于海者难为水，游于圣人之门难与言。"这段话可以解释为：知识境界要不断递进，才能有更高的道德修养。此处曾有"孔子小天下处"石刻。

"孔子小天下处"石刻

虎山，在泰山南麓王母池东侧。《礼记·檀弓》篇记载："孔子过泰山侧，有妇人哭于墓者"，而慨叹"苛政猛于虎也"。不过此处地势开阔，山峦疏旷，看起来不该是虎狼出没之地，"虎山"之称应该是后人附会的。清乾隆皇帝在此立了"乾隆射虎处"石碑，其实也并不是真有其事，只是乾隆借题发挥，寓意革除"苛政"罢了。

泰山还有与孔子相关的建筑，有孔子庙两处：一处在泰安岱庙东

泰山孔子庙

孔子像

南,建于宋代,另一处在岱顶天街东首,碧霞祠西侧,建于明嘉靖年间。庙中除了祀奉孔子外,还祀奉颜回、曾子、孟子、子思,称为"四配",另外还有"十二贤哲"列祀等。清代泰安知县徐宗干曾有题联如下:"仰之弥高,钻之弥坚,可以语上也;出乎其类,拔乎其萃,宜若登天然。"

在红门宫前有"孔子登临处"的牌坊。该牌坊是明朝嘉靖三十九年(1560年)山东都察御史朱安等人所建。坊上镌联:"素王独步传千古,圣主遥临庆万年。"不过在汉代以前,登山是走泰山东路,入山须走大津口乡。明代在此建立牌坊是"代圣人立言",目的在于以儒家文化晓喻游人,扩大孔子在泰山的影响。孔子晚年删定的《诗经》中对泰山有如是赞叹,"泰山岩岩,鲁邦所瞻"。"登泰山而小天下",更是孔子以开阔的眼界和胸襟对泰山的赞扬。

孔子的思想和泰山紧密相连,孔子长期奔走齐鲁所悟出的"智者乐水,仁者乐山",似乎已涉及文化地理对人性格的影响;他在细致的观察中体味到"智者动,仁者静,智者乐,仁者寿",反映出山水欣赏对人的心理与健康的作用。有人认为这是对旅游心理学、旅游审美学最早的启蒙认识。

孔子给泰山留下了丰富的思想文化遗产,明代严云霄《咏孔子庙》中的一句"孔子圣中之泰山,泰山岳中之孔子",让后人把孔子与泰山紧密联系在一起。

二、司马迁与《封禅书》

司马迁（公元前145年—前87年前后），字子长，西汉夏阳（今陕西省韩城县芝川镇）人，我国西汉伟大的史学家、思想家、文学家，著有《史记》，又称《太史公记》，记载了上自中国上古传说中的黄帝时代，下至汉武帝太初四年（公元前101年），共3000多年的历史，这是中国历史上第一部纪传体通史。

司马迁像

司马迁出身于中下层官吏家庭，高祖司马昌，秦始皇时为主铁官，曾祖父司马无泽，汉初为长安"市长"，祖父司马喜没有做官，而有第九等爵位，为"五大夫"，其父司马谈，汉武帝建元年间（公元前140年—前135年）为太史令。

司马迁10岁时随父到长安，开始学习古代文献，并且是当时著名的儒学大师董仲舒、孔安国的学生。20岁时，从京师出发，奉父命南下远游。约在25岁时登上仕途，担任"郎中"。汉元鼎六年（公元前111年）秋，司马迁被汉武帝派往西南少数民族地区对边民进行安抚，他借机深入调查各地的经济、政治、社会生活和风土人情。汉元封元年（公元前110年）春正月，汉武帝准备东巡齐鲁，封禅泰山。司马谈侍从汉武帝到洛阳,因生病不能前行。司马迁从西南返回,见到快要病死的父亲,父子执手而泣,司马谈临终要求司马迁继承父志。汉元封三年(公元前108年),司马迁做了太史令,开始在金匮石室,即国家秘密藏书处阅读和整理历史资料。汉太初元年(公元前104年),司马迁倡议并主持了改革历法的工作,改变了秦代使用的颛顼历以十月为岁首的习惯,而改成以正月为岁首。历法改革结束后,他开始《史记》的写作,这年他42岁。

正当司马迁专心著述时,意外的灾难降临了。汉天汉二年(公元前99年),李陵抗击匈奴时兵败投降,朝廷震惊。李陵是名将李广的孙子,司马迁曾与李陵同事,相信他的清白,认为他委身匈奴是迫于形势,以后肯定寻找时机报答汉朝。汉武帝问司马迁对此事的看法时,他便把自己的这种想法告诉了汉武帝。武帝认为他是替李陵辩解游说,因而大怒,定司马迁死罪。当时根据两条旧例可以免死:一是拿钱赎罪,二是受"腐刑"。司马迁并不怕死,但是想到著述未成,不能轻易赴死,于是决心隐忍苟活以完成著述。司马迁家境贫寒没有钱赎罪,接受了"腐刑",这是对他极大的摧残和侮辱。

汉太始元年(公元前96年)六月,汉武帝大赦天下,司马迁出狱任中书令,实际是以宦官身份在内廷侍候。

汉太始四年(公元前93年),时年52岁的司马迁基本完成著述,全书包括十二本纪(记历代帝王政绩)、三十世家(记诸侯国和汉代诸侯、勋贵兴亡)、七十列传(记重要人物的言行事迹,主要叙人臣,其中最后一篇为自序)、十表(大事年表)、八书(记各种典章制度记礼、乐、音律、历法、天文、封禅、水利、财用),共130篇,52万6千5百余字。

此后司马迁的事迹无从考证,大约卒于汉武帝末年(公元前87年)。除了《史记》以外,他还曾经有八篇赋作传世,今天尚存的有《悲士

司马迁雕塑

不遇赋》。

　　司马迁的《史记·封禅书》把传说中的古代帝王直至秦始皇、汉武帝在泰山的封禅活动进行了整理，并给予生动翔实的记载介绍。从而使这种富有浓厚政治、文化色彩的祭祀活动，受到后代帝王的重视，将封禅作为隆重的国家大典延续下来。

　　《史记》作为史书的范例，其《封禅书》也成为后世修史的重要内容，列出专章加以记载。可以说，对于封禅进行专门研究，始于司马迁；把封禅列入史书专章，亦始于司马迁。这是他对泰山文化具有开创性的独特贡献。

　　司马迁一生曾多次到访泰山。他20岁奉父命南游时，就到过向往已久的泰山领略峰峦之伟岸，考察封禅的遗迹。先父未能登临的遗恨，使司马迁对泰山的崇敬情感更加刻骨铭心。武帝历次到泰山，司马迁皆为随从，正是在这个基础上，才产生了他"承敝通变"的《封禅书》。

司马迁对泰山文化的贡献，不止于《封禅书》和《史记》中记录的有关泰山的文字，更在于他崇高的精神和人格。遭遇李陵之祸后，司马迁忍辱偷生，但是他以"人固有一死，或重于泰山，或轻于鸿毛，用之所趋异也"来激励自己，最终才完成著述大业。泰山在他心目中是至高无上的，他把"重于泰山"作为崇高的精神境界引入人生哲学，富有雄壮的阳刚之势，体现了他把事业置于生死之上，砥砺名节、慎于生死，推崇建功立业，名扬后世的思想。这种把个体对社会应承担的责任置于崇高地位的进取精神，是他一生辉煌的写照，也是泰山文化乃至民族精神中宝贵的财富。

正是泰山彰显的自然魅力与深沉的人文气质，吸引了一代又一代名人雅士。无论是千古帝王还是文人、思想家、平民，都被泰山具有的深刻内涵所吸引。从秦始皇到乾隆皇帝，多位帝王在此举行封禅大典，立碑拜谒。李白、杜甫、苏轼等古代诗人用优美的诗赋表达了对泰山自然景观的肯定和赞美。沿着古人的足迹，找寻历代名人登临泰山的故事，更使泰山散发出独特魅力，泰山不仅是一座自然山，更是一座精神山、文化山。

第四节 泰山的历史文化古迹

泰山古建筑林立，保存较好的古建筑群有 26 处，还有寺庙 58 座、古遗址 128 处，另有碑碣 1239 块、摩崖刻石 1800 余处，主要分布在岱阳、岱顶、岱阴及灵岩。例如，我国唯一保存下来的秦代刻石"李斯碑"；我国最大的宫廷式古建筑群东岳神府——岱庙，其主体建筑天贶殿与北京故宫太和殿、曲阜孔庙大成殿并称为中国三大宫殿式建筑；保存完好的高山古建筑群碧霞祠；堪称"大字鼻祖""榜书之宗"的北齐金刚经摩崖石刻，以及唐朝摩崖石刻、清朝碑碣等。

一、岱庙

岱庙是泰山最大、最完整的古建筑群，城堞高筑、庙貌巍峨、宫阙重叠，是历代帝王举行封禅大典和祭祀泰山神的地方。岱庙创建于汉代，至唐代时已殿阁辉煌。在宋真宗大举封禅时，又大加拓建，修建了天贶殿等，更见规模。岱庙与北京故宫、山东曲阜三孔、承德避暑山庄和外八庙，并称中国四大古建筑群。

天贶殿是岱庙的主体建筑，始建于北宋大中祥符二年（1009 年），大殿共九间，长48.7米、宽19.8米、高22.3米，台基为石筑，白石雕栏环绕四周，重檐歇山式殿顶，黄琉璃瓦覆盖。殿内保存有巨幅宋代壁画《泰山神启跸回銮图》，描绘了东岳泰山之神出巡时浩浩荡荡的场面，共有人物630余名，并绘有各类珍禽异兽、山石树木、宫殿楼阁等，构图严谨，疏密相间，气势磅礴，笔法流畅，是泰山人文景观之一绝。

岱庙里的仿木结构铜亭，又名"金阙"，是中国屈指可数的珍贵铜铸大型建筑之一。铜亭造型端庄浑厚，铸造工艺极为精湛，堪称中国古代铜铸艺术的精品。

岱庙内碑碣林立，保存着历代的修庙祭告碑、经幢、题名、诗刻等共计151方。藏于东御座的秦二世诏书石刻，是以公元前209年李斯的篆书镌刻而成的，是目前中国保存的最古老的文字石刻之一。东汉建宁元年（168年）的衡方碑、中平三年（186年）张迁碑、西晋泰始八年（272年）孙夫人碑和唐神宝寺碑等，都是知名的碑刻。

泰山岱庙

二、泰山的石刻

泰山文化作为中华民族的精神象征，是华夏历史文化的缩影。它不但表现在泰山自然景观的雄伟高大，也包含了数千年精神文化的渲染渗透以及人文景观的烘托，特别以泰山石刻为代表。泰山历朝历代的石刻展现在无数奇峰峻石上，有的苍劲有力，有的清秀飘逸，那些模糊的字迹和残缺的岩石让我们不得不感慨这些石刻背后的沧桑。

泰山石刻的起源最早可追溯到秦朝，秦始皇二十八年（公元前219年），始皇登泰山举行封禅大典，秦朝的丞相李斯随行。为了标榜一统天下的功绩，秦始皇命李斯撰写铭文刻于泰山极顶。公元前209年秦始皇驾崩，秦二世胡亥继位。胡亥继位的当年，就率群臣东巡，并登上泰山，李斯此次仍以丞相之职跟随。这次登山李斯又在秦始皇的石刻旁刻上了秦二世的诏书。秦石刻是泰山现存年代最早的石刻。宋代刘跂的《秦篆谱序》记载，原石刻共铭文22行，满行12字，共223字，字径6.1厘米。前12行为始皇刻辞，计144字；后10行为二世诏书，计79字。相传皆丞相李斯篆书。

由于年代久远，风雨剥蚀及人为破坏等原因，至明正德以后，此石曾几易其所，面目全非，铭文也仅存二世诏书中的29字。而且在此石毁坏之前，金石学家只着重其字数、行数及铭文的著录，而对立石原址、立石的具体形制等，缺乏确切的记载，致使后人说法不一。

泰山石刻

泰山岱庙东御座

现仅存二世诏书中的10个残字,被书界视为珍宝。清代以后,又有人对现存秦石刻10个残字的真伪提出异议,至今未有定论。现在这两块留有李斯小篆的残石保存在岱庙东御座。

唐代摩崖铭文刻于岱顶大观峰崖壁上,为唐开元十四年(726年)九月,唐玄宗李隆基封禅泰山后所制。摩崖高1320厘米,宽530厘米,现存铭文1008字(包括标题"纪泰山铭"和"御制御书"),字径25厘米,隶书。额高395厘米,题"纪泰山铭",2行4字,字径56厘米,隶书。铭文为唐玄宗李隆基撰书,相传由"燕许"修其辞,韩史润其笔,形制壮观、文辞雅驯,为汉以来碑碣之最。其书法遒劲婉润、端严浑厚,透露出一片太平盛世的景象。

泰山摩崖大观峰

知识小百科

唐玄宗与《纪泰山铭》

唐玄宗李隆基,又称唐明皇,是我国历史上著名的皇帝,摩崖刻石铭文里记述的正是唐玄宗当年封禅的整个过程和治国功绩,该铭文展示了他的勃勃雄心和建立盛世的信心。

李隆基在位期间勤于政事、任用贤相,励精图治,经过十余年的努力,把国家治理得井井有条,边疆安定,国内经济繁荣,人民生活富足、安居乐业,开创了历史上有名的开元盛世之局面。他前期的这些努力使唐朝的国力达到了鼎盛,但是后期由于沉湎酒色,荒淫无度,重用奸臣,政治腐败,终于爆发了安史之乱,直接导致了唐朝国运的由盛而衰。所以说,唐玄宗是一位功过都很突出的历史人物。

唐玄宗李隆基为人所熟知的另一面,就是他和贵妃杨玉环的爱情故事。被众多文人当作描写题材。白居易长诗《长恨歌》中如是描写两人之间的爱情:"七月七日长生殿,夜半无人私语时。在天愿作比翼鸟,在地愿为连理枝。天长地久有时尽,此恨绵绵无绝期。"更是家喻户晓,广为流传。

《高山流水》亭记刻于明隆庆六年(1572年)。铭文刻在经石峪西侧崖壁上。崖壁高5米,宽8.7米,稍加磨砻。铭文32行,满行15字,共刻有450字,字径12厘米,正书,刻辞雅丽,

泰山经石峪

意境契合，书法浑厚古朴，与经字相映成趣，为明刻中之佳作。刻辞旁原有"高山流水亭"一座，为保护经字，1965年将亭址改为河道，遂移亭于原址西南约50米处。铭文保存完好，无一残缺。

《高山流水》亭记石刻

知识小百科

《高山流水》的来历

《高山流水》是中国十大古曲之一，传说先秦的伯牙擅长弹琴，在荒山野地弹琴时遇到樵夫钟子期，钟子期善于倾听。伯牙弹琴的时候，心里想到高山。钟子期说："你弹得太好了！我的眼前仿佛出现了巍峨的高山！"伯牙心里想着流水，钟子期说："好啊！我好像看见了奔腾的江河！"伯牙所思的，钟子期都能准确地道出他的心意。钟子期死后，伯牙觉得再也找不到知音了，于是他把心爱的琴摔碎，终身不再弹琴。

也有一说泰山经石峪的高山流水亭就是伯牙抚琴的地方。大概因为此地风景恰巧诠释了古琴曲《高山流水》的神韵，所以附会于伯牙与钟子期知音的故事。

三、泰山的碑碣

在泰山玉皇顶，登封台北边的玉皇庙门前 8 米处立有一块碑，因通体无字，俗称无字碑。整体碑石由石柱、顶盖石和顶柱石三部分组成。石柱高 495 厘米，左右两面上宽 69.3 厘米，下宽 83.2 厘米；前后两面上宽 110 厘米，下宽 124.7 厘米；四隅棱面宽皆约 4.93 厘米。石柱之下无榫，直接下寝于自然石穴之内，顶上覆有顶盖石，呈覆斗形，类似屋顶，高 40 厘米。顶盖石斗檐厚 13.8 厘米，左右长 166.4 厘米，出檐 28.2 厘米；前后宽 97 厘米，出檐 13.8 厘米。顶盖石没有任何纹饰，石质与石柱相同，都是花岗岩质。顶盖石之上为顶柱石，高 60 厘米，左右宽 30 厘米，前后厚 20 厘米，最顶部略呈圆形，也是没有任何纹饰，但石质为石灰岩，怀疑是被后人所更换。

因为此碑无一字痕可以考证，所以对立碑之人和立碑年代众说不一。古代人有两种说法：一说是秦始皇立的，这一说具体又有

泰山玉皇顶无字碑

两种解释，一种解释为秦始皇封禅坛上北边的石阙，因为秦始皇的功德之大，难以用文字形容，故无字；另一解释说秦始皇"焚书坑儒"以后没人会写字了，故无字。当然，这些均无据可考。第二种说法认为此碑是汉武帝刘彻立的，也一直没有定论。

明代张铨认为，无字碑是秦始皇所立，无字碑旁有他的诗碑"袖携五色如椽笔，来补秦王无字碑"。明末清初的思想家顾炎武在其所著的《日知录》里指出，在玉女池上已经有了李斯篆书和秦二世铭文，不应该再立如此大碑。而且据他考证，宋代以前，也没有此说。因此他认为是汉武帝所立。近代学者郭沫若1961年上旬登泰山时，在他写的《登泰山观日出未遂》一诗中说"摩抚碑无字，回思汉武年"，也肯定了是汉武帝所立。原诗已经刻成碑立于无字碑的一侧，与明代张铨的诗碑相对。

岱庙正阳门内西碑台上立有宋祥符碑，形制雄伟，与岱庙《宣和重修泰岳庙记碑》并称岱庙二大丰碑。此碑立于宋真宗大中祥符六年（1013

泰山石碑

年)六月,碑高820厘米、宽215厘米、厚60厘米,螭首龟趺。碑阳文34行,满行80字,共2319字,字径5厘米,为行书。额篆"大宋东岳天齐仁圣帝碑"2行10字,字径15厘米。碑阴刻明人张允济和王贤题"五岳独宗"4个大字,字径110厘米,正书。

四、泰山石敢当

相传古代人认为泰山石具有独特的灵性和神力,汉朝时汉武帝登泰山,就曾带回四块泰山石,放置在未央宫的四角,以辟邪。泰山被认为有保佑国家的神功,因此泰山的石头就被认为有保佑家庭的神力。在我国民间长期以来一直存在着一种灵石崇拜——泰山石敢当。

关于泰山石敢当的崇拜有这样一段传说。传说泰山脚下的一个村子里住着一个青年,姓石,名敢当。他不仅非常勇敢,而且同情贫苦的穷人,在泰山一带很有名。一些被欺侮了的人就找石敢当替他们打抱不平。泰安城南的汶口镇有户人家,一对老夫妻

泰山石敢当

只有一个女儿。不知从什么时候开始,每到太阳下山以后,只见东南方向刮来一股妖风直钻姑娘的屋里。天长日久,这个姑娘变得面黄肌瘦,非常虚弱,找了许多医生也治不好她的病。这时有人说:"看来是妖气缠身,光吃药是治不好的。听说泰山上有个石敢当很勇敢,何不找他来想想办法?"石敢当说:"这事好办,找12对童男童女,一人一面锣。再准备一盆香油,把棉花搓成粗灯芯,还要一口锅、一把椅子,只要这些东西都备齐了,我一定能把妖怪拿住。"准备就绪后,只见他把灯芯放在香油盆里,点燃了油灯。他用锅把盆子扣住,坐在旁边,用脚挑着锅沿,这样,虽然点着灯,远处看不到灯光。天黑了,随着一阵呼呼的响声,从东南方向窜出一股妖风。石敢当一脚踏翻锅,油灯立刻放出了耀眼的光芒。12对童男童女同时敲响了锣鼓。妖怪一进屋,看见了灯光,听到了响声,赶快闪了出去,朝南方逃跑。这股妖风后来到了福建,

泰山石敢当

继续作威作福。福建的一些农户也被妖风缠身，患了重病。人们打听来打听去，听说泰山有个石敢当能驱除妖怪，就把石敢当请到了福建。石敢当用老办法把妖怪赶走了。这股妖风又逃到了东北，东北有些人也得了重病，人们又把石敢当请到了东北。石敢当想："我赶它一回，它就逃到别处，全国这么大，我怎么跑得过来呢。对，泰山有很多石头，我请石匠在石头上刻上我的家乡和名字——泰山石敢当，谁家闹妖风，就把这石头放在谁家的门外，妖怪就不敢进去了。"

以后，泰山石敢当降妖的故事代代相传，人们为了避邪，在盖房子的时候，总是把刻有"泰山石敢当"的石头砌在墙上或放在门口。今时今日，还有民间风俗在房子缺角处设置用朱砂刻写"泰山石敢当"的吉祥物，以化解缺角所带来的煞气。

我国非常重视非物质文化遗产的保护，2006年5月20日，"泰山石敢当"习俗经国务院批准列入第一批国家级非物质文化遗产名录。

知识小百科

灵石崇拜

灵石崇拜是一种十分原始且流行广泛的宗教习俗，是上古很多崇拜中的一种。它形成于史前社会，后这种习俗延续下来，之所以会有这种习俗，取决于当时落后的科学水平，人们无力对抗自然，只能以石头作为自己崇拜的象征，将小石碑（或小石人）立于桥道要冲或砌于房舍墙壁，在上面刻上或写上"石敢当"或"泰山石敢当"之类，用来禁压不祥。这种习俗在民间甚为流行。

第三章

西岳华山

第一节 华山的自然地理状况

华山为五岳之中的西岳，位于陕西省渭南华阴市境内，距西安120公里，在全国乃至世界上都享有很高的声誉，素有"奇险天下第一山"之称。它南接秦岭，北瞰黄、渭，扼守着大西北进出中原的门户，资源丰富，景观独特。

华山胜景

华山是中华民族文化的发祥地之一。华山名字的来源说法有很多，一般来说，同华山山峰像一朵莲花是分不开的。古时候"华"与"花"通用，正如《水经注》所说："远而望之若花状"，

华山自然风光

故名。另外，据清代学者章太炎先生考证，"中华""华夏"皆因华山而得名。

华山是由一块完整、硕大的花岗岩体构成的，它的历史衍化可追溯到1.2亿年前。华山有东、西、南、北、中五峰。东峰是华山的奇峰之一，因峰顶有朝阳台可以观看日出美景，故又名朝阳峰，华山也是神州九大观日出处之一。北峰也叫云台峰，山势峥嵘，三面绝壁，只有一条山道通往南面山岭，形势十分险要，是易守难攻之地。西峰海拔2082米，因为峰巅有巨石形状恰似莲花，又被称为莲花峰、芙蓉峰。南峰即落雁峰，是华山主峰，海拔2160米，也是华山最险峰，峰顶苍松翠柏，林木葱郁，峰东有凌空飞架的长空栈道。中峰亦名玉女峰，依附于东峰西壁，是通往东、西、南三峰的咽喉所在。其中南峰"落雁"、东峰"朝阳"、西峰"莲花"三峰鼎峙，人称"天外三峰"。北峰"云台"和中峰"玉女"相辅于侧，又有36小峰罗列于前，虎踞龙盘，气象森森。

因为山上气候多变，所以形成了"云华山""雨华山""雾华山""雪华山"，给人以仙境的美感。

华山山路奇险，景色秀丽，著名景点多达210余处。沿山路从玉泉院到苍龙岭可以看到许多胜景，从华山脚下到青柯坪，一路上风光幽静，山谷青翠，鸟语花香，流泉垂挂，令人心旷神怡。

青柯坪以东是真正攀登华山的开始，这里有一块巨大的回心石，站在石上往上一看是危崖峭壁、突兀凌空的"千尺幢"，胆小的人到这儿往往就此停住，准备往回走了。只有不畏艰险，勇于攀登的人才有机会领略到华山险峰上更美的风光。

千尺幢窄陡的石梯仅容纳一人上下，370多个石阶，必须紧挽着铁索才能攀登。过千尺幢经百尺峡就到了"老君犁沟"，这是夹于陡绝石壁之间的一条沟状道路，有570多个石阶，其尽头是"猢狲愁"，顾名思义，就是连猴子都发愁的意思，可想而知这里的崖壁是多么陡峭了。

过了"猢狲愁"就到了华山北峰。北峰海拔1614.9米，是华山主峰之一。北峰四面悬绝，上冠景云、下通地脉，巍然独秀，有若云台，因此又名云台峰。云台峰北边临近白云峰，东边是量掌山，往上能通东西南三峰，往下连接沟幢峡危道，峰顶由几组巨石拼接，浑然天成。北峰绝顶处有平台，原来曾建有倚云亭，现在留有遗址，是南望华山三峰的好地方。

1982年华山被国务院颁布为首批国家重点风景名胜区，长期以来攀登华山的游人络绎不绝。2004年华山被评为"中华十大名山"。

华山自然风光

第二节 华山的传说

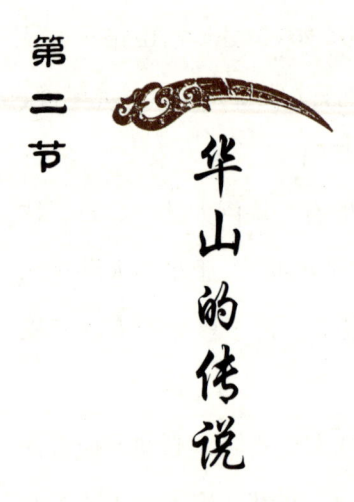

一、沉香劈山救母

登上华山之巅，在华山的西峰顶上，有一块长10余丈的巨石齐茬茬被截成3段，石下空间宛如一位妇人仰卧时留下的印痕，形象生动，这就是斧劈石。巨石旁边插着一把高7尺、重300多斤的月牙铁斧，叫作开山斧。"沉香救母"的传说就发生在这里。

沉香救母的故事可谓是家喻户晓，这个故事无论从内容还是从结局上，都符合中国传统的道德价值观念。传说在汉朝时期，华山之上有一庙宇，庙神华岳三娘是一位美丽善良的仙女，她又被称为三圣母，是天神玉帝的外甥女，却被王母娘娘派遣到华山，过着孤独寂寞的生活。当时有一位士子名叫刘向，在进京赶考途中路经华山，便到庙宇中朝拜。当他在庙中见到三圣母的塑像时，被三圣母的美貌所折服，当时就激动地在墙上书写下了对三圣母的爱慕之情。作为庙神的三圣母见到这一切，也深深地为刘向的痴情所感动，随化为一位凡间女子，向刘向诉说真情，二人两情依依，结为伉俪，恩爱无比。到刘向进京赶考离开之时，三圣母已有身孕。临别之时，刘向赠予三圣母一块祖传沉香，相约一旦生子则以此为名。

但事与愿违，刘向离开之后，三圣母与刘向之事被三圣母的哥哥二郎神得知。二郎神怪罪三圣母私嫁凡人，触犯天条律令，要抓她到天庭受责。三圣母有一件护身法宝——宝莲灯，此物是三圣母的镇山之宝，无论哪路妖魔、哪方神仙，只要宝莲灯大放异彩，都会被震慑称服，束手就擒。二郎神自知不敌，就令自己的哮天犬乘三圣母休息之际，偷盗而出。这样，可怜的三圣母就被二郎神压在华山下的黑云洞中。三圣母在暗无天日的洞中生下了儿子沉香，为防不测，她偷偷恳求夜叉，将儿子送出，留在了其父刘向身边。

此时的刘向已经一举中榜，被任命为扬州府巡按。他孤身一人将沉香养育成人。随着沉香渐渐长大，得知了母亲的一些事情，便决定要将母亲解救出来。沉香历经千辛万苦，来到了华山之巅，却仍旧见不到他的母亲，伤心之余，在华山之上放声大哭。这悲惨的哭声被路过的霹雳大仙听到，便来到沉香面前，听他诉说了他的悲惨遭遇，同情之余，却也无可奈何，遂将他带到了自己的住处。而沉香也立志解救母亲，在霹雳大仙的住处潜心修炼，渐渐学会了六韬三略、百般武艺、七十三变。16岁时，沉香带着师父给予的一柄萱花开山神斧到了华山救母。

拥有了百般神通的沉香，到了华山之后，将自己的声声呼唤，透过层层岩石传到了三圣母的耳中。三圣母心情激荡，百感在心，虽然感到了儿子沉香已经具有了很大的神通，但又担心儿子不是哥哥二郎神的对手，毕竟当年二郎神和齐天大圣孙悟空都不分上下，况且还拥有了宝莲灯。于是三圣母将沉香叫到了洞前，告诉沉香让他到二郎神的住处求情。但当沉香来到二郎神面前苦苦哀求时，二郎神却不为所动，并且还舞起三尖两刃刀向沉香下手，二人随之进行了一番恶斗。这惊

华山斧劈石

动了太白金星,他派出了四位仙女来查看情况,四位仙女看到二郎神身为舅舅,竟对外甥痛下杀手,激愤之余,就暗中助沉香一臂之力,将二郎神打得落荒而逃,并取回了宝莲灯。沉香随用萱花开山神斧将华山劈开,找到了封印三圣母的黑云洞,救出了自己的母亲。而二郎神最后也悔不当初,向三圣母和沉香承认了错误,玉帝则封了沉香官职,沉香一家幸福地生活在了一起。这就是华山之上演绎的一段可歌可泣、令人难忘的"沉香救母"的故事。

知识小百科

华山孝子峰

孝子峰位于华山南峰西部,为南峰的一个峰头。在《宝莲灯》神话传说中,三圣母因私结人间姻缘被二郎神压在西峰巨石下,她的儿子沉香执神斧前来救母，因不知母亲被压的具体位置，便站在这里哭喊母亲。山神被他的孝心感动，指点迷津，沉香终于劈开山石，母子团圆。于是后人便称此峰为孝子峰。传说如今更深夜静时，站在峰头依然可听到沉香哭喊母亲的声音。

二、铁拐李华山炼丹

华山的南峰与西峰之间，有一座小山峰，叫"炼丹炉"。这个山峰上有一座庙宇叫"纯青宫"。传说太上老君和八仙中的铁拐李，都曾在此炼丹修行。铁拐李成仙的故事就发生在这里。

西汉时候，有个相貌清秀，举止潇洒、不为名利、一心想求长生的秀才，名叫李凝阳。他看到《山海经》上有这样一段记录："可以精思作合神药者华山、霍山、恒山、嵩山……"于是李凝阳就从遥远的家乡跑到华山来修炼。

图书馆藏《山海经》

李凝阳来到了华山，并找到了老君炼丹的炉灶，非常高兴。他把炼丹炉重新修整一番，开始炼起丹来，七七四十九天之后，居然炼出一炉上好的金丹。丹炼好了，他装进葫芦，带在身上，除了自己吃外，还到处周济世人。

李凝阳吃了金丹后，每每静坐，就感到自己的灵魂离开了躯壳，逍遥于天地之间。但是，由于内功不够，灵魂离壳后，不能遨游很远。他有了这功夫，心中高兴，便更加努力修炼，经常静静地一坐好多天。有一天，他又要端坐入静，入静前对他的两个徒弟说："我这次入静，约得七天才能回来,你们好好看护我的房舍(道家以身躯比作房舍),勿使野物损毁。"说罢便入静去了。

华山王母像

李凝阳灵魂出了躯壳,在空中飘飘荡荡,忽见一白发老人,从云中走来。李凝阳赶忙迎了上去,这位老人正是太上老君。李凝阳一见欣喜若狂,忙趴下磕头,随即问太上老君去往何处。太上老君是去瑶池赴王母娘娘的蟠桃会,李凝阳听了很想跟去看看王母娘娘的圣地瑶池,恳求太上老君带自己去,太上老君推辞不过,只好带上他。但是太上老君告诉李凝阳,他的道行太浅,禁不起上界神仙的目光,他们一看,就会把李凝阳的魂魄看散,他多年的苦功就会化为乌有。所以太上老君把袍袖一招,将李凝阳收进袍袖里,叮嘱他只能在袍袖中,不能出来看。

太上老君到了瑶池,王母娘娘率领群仙入座。蟠桃会上祥光瑞气,龙飞凤舞,香烟霭霭,仙乐袅袅,玉液琼浆琳琅满目,应有尽有。王母娘娘命侍女们奉献蟠桃,诸仙齐起为王母娘娘祝寿。仙乐声、环佩声,响彻瑶池宫阙,既庄严肃穆又呈现一片祥和欢乐。这时在太上老君袖内的李凝阳,只能倾听不能眼见,心中很着急,便偷偷扒开袖口向外偷看。不想他一看竟被别的大仙给识破,诸仙问起太上老君缘由,太上老君据实相告,各位大仙怜悯他诚心向道,愿意暂时收敛神光,让他出来看看这瑶池胜景。太上老君便一抖袍袖,把李凝阳倒了出来。李凝阳一出袍袖,只见金光一片,耀得他头晕目眩,睁不开眼,急忙趴在地上,连连叩头。太上老君解下一条袜带,把他的头发往上抹了抹,给他绑上。李凝阳得到这一宝带之助，神魂稍定，不再眩晕，急忙爬回太上老君袖内。

瑶池会后，太上老君要回太清宫去了，路过华山，便把李凝阳从袖内抖出。李凝阳千恩万谢，叩别太上老君。太上老君说："你回去也没用了，你的房舍全无，回去作何道理？"李凝阳不信，叩头便走，太上老君只得微微发笑。原来李凝阳入静时嘱咐两个徒弟，好好看护他的"房舍"，7天后回来。不料他这两个徒弟看护到第六天时，家中来人报信说他们的父母病重。两个徒弟思念父母心切，万分着急，可是师父还没回来，于是耐着性子再等了一天，但第7天已过，还是不见师父回来，便以为师父这次回不来了，就把师父的躯壳焚化了以后下山而去。李凝阳回到华山，发现自己的躯壳不见了，两个徒弟也不见了，感到非常懊恼。这时，太上老君又来到他的面前说："不要找了，'房舍'已被你的弟子焚化了。"李凝阳一听，大哭起来，跪倒在太上老君面前哀求太上老君相救。太上老君便告诉他一个"投胎夺舍之法"，要另帮他找个"房舍"修行。

华山老君像

李凝阳跟着太上老君来到一个山岩下边，见地上躺着一人，披头散发，浑身污垢，模样难看。太上老君说："你就借这个'房舍'吧。"李凝阳一看，心中不愿意。但见太上老君用手把他一推，喝道："李凝阳还不醒来。"李凝阳睁开眼，就要站起来，不料一条腿竟是断的，站立不住。他心里万分苦楚，哭诉道："老君，我堂堂仪表，现在弄成这个样子，真是难看，如何能站入神仙行列？你给我重找个房舍吧。"太上老君笑道："痴人，这个躯壳活着时，为人正派，心地善良，极是友孝，很受乡邻尊重，虽然相貌丑陋，形体残疾，却是个有德之躯。我看这个'房舍'很好，你借他成道后，天上添一个怪样神仙，不也很好吗？来，你拜我为师，谁问起你，你就说是我的徒弟。哪个神仙也不敢小看你，谁又能嫌弃你呢？"李凝阳叩头拜过尊师。

太上老君又给了他一个炼丹烧火用的铁铲，叫他拄着拐杖行路。从此，李凝阳就拄着这根铁拐，到处济世活人，拯厄除难，因为姓李，又拄着个铁拐，人们就亲切地称他"李铁拐"或"铁拐李"。铁拐李头上绑的那根"扎袜带"和拄的那根铁铲，后来就成了道人们戴的"一字巾"和拿的"方便铲"了。

第三节 历史名人与华山

一、白居易与华山之缘

白居易（772—846年），字乐天，晚年又号香山居士，是唐代伟大的现实主义诗人，河南新郑（今郑州新郑）人，祖籍山西太谷县，后迁

华山白居易塑像

下邽（今陕西省渭南市临渭区）。白居易的祖父后来在河南巩县当县令，和当时邻居新郑县令是好友，见新郑山清水秀，就举家搬迁到了新郑。

白居易在中国文学史上是负有盛名且影响深远的诗人和文学家，他的诗歌题材广泛，形式多样，语言平易通俗，有"诗魔"和"诗王"之称。他官至翰林学士、左赞善大夫，有《白氏长庆集》传世。白居易故居纪念馆坐落于洛阳市郊。白园（白居易墓）坐落在洛阳城南琵琶峰。

白居易画像

白居易出生不久，河南一带便发生了战事。藩镇李正己割据河南10余州，战火烧得民不聊生。白居易2岁时，他的祖父卒于长安，紧接他的祖母又病故。白居易的父亲白季庚先由宋州司户参军授徐州彭城县县令（780年），1年后因白季庚与徐州刺史李洧坚守徐州有功，升任徐州别驾，为了躲避徐州战乱，他把家人送往宿州符离安居。白居易得以在符离度过了童年时光。白居易与符离山水结下了不解之缘，并和符离人刘翕习、张仲素、张美退、贾握中、贾沅犀并称"符离六子"。

白居易自幼聪颖，读书十分刻苦，年纪轻轻的，头发全都白了。白居易在文学上积极倡导新乐府运动，主张"文章合为时而著，歌诗合为事而作"，写下了不少感叹时世、反映人民疾苦的诗篇，对后世颇有影响，他与同时倡导新乐府运动的元稹合称为"元白"。白居易的诗在当时流传广泛，上自宫廷，下至民间，处处皆是，其声名还远播朝鲜、日本。晚年与"诗豪"刘禹锡友善,被称为"刘白"。

白居易的主要作品有《长恨歌》《琵琶行》《卖炭翁》《赋得古原草送别》《钱塘湖春行》《暮江吟》《忆江南》《大林寺桃花》《同李十一醉忆元九》《直中书省》《长相思》《题岳阳楼》《观刈麦》《宫词》《问刘十九》《买花》等。

在白居易的家乡,可以望见华山三峰,华山三峰也成了白居易从小就向往的地方,他一生曾多次到访华山,他有多首诗词把华山作为描写对象,足见白居易对华山的深厚情感。

白居易33岁时经洛阳至渭南故里,写了《泛渭赋》:

亭亭华山下有人,跂兮,望兮,爱彼三峰之白云泛泛;渭水上有舟,沿兮,泝兮,爱彼百里之清流。以我为太平之人兮,得于斯而优游。

……

川有渭兮山有华,澹悠悠其可赏。目白云兮漱清流,其或偃而或抑。门去渭兮百步,常一日而三往。

华山风光

文中所描绘的华山和渭水的无限风光,抒发了白居易热爱祖国名山大川的情怀。

> **知识小百科**
>
> **顾况戏白居易的典故**
>
> 顾况(约727—815年)字逋翁,号华阳真逸(一说华阳真隐),晚年自号悲翁,苏州海盐人(今在浙江海宁境内),唐代诗人、画家、鉴赏家。他一生官位不高,曾任著作郎,因作诗嘲讽得罪权贵,贬饶州司户参军。晚年隐居茅山。
>
> 白居易初次参加科举考试时,名声还不响,把作的诗送给顾况。顾况看到"白居易"三字,便和他开玩笑说:"长安城物价昂贵,在这儿住下很不容易。"等到披卷阅得《赋得古原草送别》中"离离原上草,一岁一枯荣;野火烧不尽,春风吹又生"时,不禁大为惊奇,拍案叫绝,马上改变语气,郑重地说:"能写出如此好的诗句,居住在这里又有什么难的!我之前说的话只是开玩笑罢了。"

811年,白居易的母亲于长安病逝,白居易与其三弟白行简等护送母亲灵柩回归故里。一别故里数年,白居易发现家乡发生了很大的变化,不胜感慨,写下了《重到渭上旧居》:

旧居清渭曲,开门当蔡渡。
十年方一还,几欲迷归路。
追思昔日行,感伤故游处。
插柳作高林,种桃成老树。

> 因惊成人者，尽是旧童孺。
> 试问旧老人，半为绕村墓。
> 浮生同过客，前后递来去。
> 白日如弄珠，出没光不住。
> 人物日改变，举目悲所遇。
> 回念念我身，安得不衰暮。
> 朱颜销不歇，白发生无数。
> 唯有山门外，三峰色如故。

诗中最后的"三峰"指的便是华山。

白居易忧国忧民，却在政治上不能实现其抱负，不受朝廷重视，多次受到排挤和打击。白居易曾于814年归家务农，此时的他虽壮志难酬，但面对华山景色，仍是诗意盎然，写下了《新构亭台，示诸弟侄》一诗，诗中写道：

> 东窗对华山，三峰碧参差。
> 南檐当渭水，卧见云帆飞。
> 仰摘枝上果，俯折畦中葵。
> 足以充饥渴，何必慕甘肥。
> 况有好群从，旦夕相追随。

白居易晚年长期居住在洛阳香山，故又号"香山居士"。唐武宗会昌六年（846年）八月十四日，白居易去世于洛阳，葬于洛阳香山，享年75岁。他去世后，唐宣宗李忱曾写诗悼念："缀玉联珠六十年，谁教冥路作诗仙？浮云不系名居易，造化无为字乐天。童子解吟《长恨》曲，胡儿能唱《琵琶》篇。文章已满行人耳，一度思卿一怆然。"

洛阳白居易墓园

二、老子与华山

老子,姓李名耳,字伯阳,又称老聃,楚国苦县(今河南鹿邑东)厉乡曲仁里人。春秋末期哲学家、思想家,道家学派的创始人,被道教奉为教祖,尊称为"太上老君"。老子曾在周朝任管理藏书的史官,后见周朝衰落,便辞官西行,过函谷关时(河南灵宝西南),关令尹喜请他著书,遂作《老子五千文》(《道德经》)。他写出这部道家的经典著作后,出关而去,不知所终。

传说老子是天之精魂化生而来的。有一天晚上,天地漆黑一片,忽然一颗耀眼的流星划破黑暗,老子的母亲受惊后怀孕,经过八九七十二年的漫长岁月,才生下他。老子出生时奇异无比,是从母亲左腋钻出来的。他诞生后,就已满头白发(后人遂称他为老子)。相传老子身长9尺,皮肤黄色,鸟嘴、高鼻,眉毛有5寸长,耳朵也有7寸长,脚下有八卦图形,头戴高冠,身着五彩云衣,佩带一把锋利的宝剑,左有

12青龙，右有26白虎，前有24朱雀，后有72玄武，头上还有耀眼的雷电笼罩。当然这些都只是人们把老子神话罢了。

　　老子年轻时有两件事流传于后世，一件是孔子东游时曾向老子问过礼教，并为老子的卓越见解所倾服，认为老子是条神通广大的龙；另一件是"老子化胡"的公案，传说老子曾经西行，在西方教化胡人，于是就传言佛门老祖是老子的学生，佛门弟子自然不服，就此争论不休，一直延续了1000多年。

　　作为道教圣地的西岳华山是老子的修炼之处，如今华山南峰的炼丹炉相传就是太上老君的炼丹之地，南峰绝顶的仰天池就是太上老君常常炼丹汲水的地方。传说老子在南峰上发现了仰天池，大为惊奇。该池池深约半米，里面的水旱不竭、涝不溢，清纯晶莹，世所罕见。老子在仰天池旁流连忘返，不忍离去。后来，他在池下东侧的崖壁上凿一小洞，宿于洞中，每天取仰天池的水炼制丹药。因此，后人也称仰天池为太上泉或太乙池。

老子塑像

老子骑牛雕塑

　　有关老子在华山的许多传说，后人附会演义的成分居多，不过据史料记载，老子确实骑青牛到过华山。

　　过去在西岳庙处还存有青牛树，相传是老子系牛的地方，而且旁边有一块石碑，碑文中记述了老子骑青牛至函谷关，被尹喜十里相迎的事。可惜这块碑1925年被毁坏，早已不见了踪影。

　　尹喜十里相迎老子是这样一个故事。老子曾经在东周王室管理藏书，东周末期，战火频起，局势动荡。老子见东周王室日渐衰败，便决定离开东周，西出函谷关。将到函谷关时，函谷关令尹喜看见东方充盈着一股紫气，渐渐向西边而来，心中大为惊奇，知道将有异人来临，便出函谷关十里相迎。只见一位白发长髯的老人骑一青牛缓缓而来，尹喜便上前跪拜，百般挽留。老子见其心诚，便在函谷关住下。从此，尹喜便设坛焚香，整日听老子为他讲道。后来老子离开函谷关到华山隐居。

　　老子所著的《道德经》，又称《老子》或《老子五千文》，共81章，5000余字，分上、下两篇，表达了老子的哲学思想，阐述了"道"和"德"

的深刻含义，全面地体现了古代中国人的一种世界观和人生观，是我国古代一部重要的哲学著作，也被奉为道教的最高经典。

> **知识小百科**
>
> ### 老子与老君犁沟
>
> 华山老君犁沟的景点一直流传着一个神话故事。据说老君骑青牛经过华山，见开山凿路的道徒及工匠们万般辛苦，便动了恻隐之心，解下随身佩戴的如意变成犁铧，驾牛扶犁开出一条道路，这一段路因此而名为"老君犁沟"，为华山著名景点之一。今沟左顶端有"老君挂犁处"题刻，过去曾挂有铁犁一架；沟右顶端有卧牛台，旧时铸有铁牛一头。
>
> 有人来此做了考察，认为老君犁沟应该是"老君离垢"4个字，意思是老子在这里脱离凡尘，到达了仙境。这便是老子在华山得道升仙的证据。

老子强调"无为"的思想，提出"道生一，一生二，二生三，三生万物。万物负阴而抱阳，冲气以为和"，以及"人法地，地法天，天法道，道法自然"的理念，他的这种朴素的辩证唯物主义思想不仅对中国道教的发展产生了极其深远的影响，也对中国传统哲学理论的形成起了重要作用。他留下的哲学思想是我国传统文化的一部分，也给后人留下了精神财富。

三、陈抟老祖与华山

陈抟（约871—989年），字图南，自号"扶摇子"，他生于唐朝末年，虽出身低微，却学识渊博，尤精易学，受道家思想影响很深，因举进士不第，五代宋初入山中修道。他总结的内丹道法，成为宋代以后道教修炼方法的主流，在当时和后世影响都很大。五代后唐唐明宗赐号"清虚处士"，后周周世宗赐号"白云先生"，宋太宗赐号"希夷先生"。

宋代以后，由于陈抟与华山的关系，使华山在道教史上的地位更为突出。陈抟作为一个道教学者，他的思想对后来的道家和儒家思想都有很大影响。陈抟久居华山，留有希夷峡、希夷洞、希夷祠等很多遗迹。相传他和宋太祖在华山下棋，宋太祖将华山输给了他。他的弟子贾得升、张无梦及再传弟子陈景元都是宋代有名的道士。道教中的"老华山派"至今仍尊奉陈抟为自己的祖师。元朝赵道一的《历世真仙体道通鉴》称陈抟享年118岁，而庞觉的《希夷先生传》则认为陈抟活了190多岁。

华山陈抟老祖太极八卦台壁画

后唐长兴二年（931年）陈抟举进士不第，于是不再追求功名利禄。陈抟的父母过世后，他说："我以前所学的仅仅能够记住姓名而已。我将离开家乡到泰山去，与安期生、黄石公等仙人交游。怎能如世人那样在轮回之中生死呢？"于是便将家产分散送人，自己只拿了一只石铛走了。当时士大夫们仰慕陈抟的高洁，争先恐后想同他结识，但陈抟却谢绝了。他头戴斗笠，身穿蓑衣，出入集市、酒楼、野店，行走时口唱山歌，坐下时谈笑风生。后来后唐唐明宗亲写诏书见他，陈抟长揖不跪。唐明宗待他愈加恭敬，赐号清虚处士，赐予宫女三人。陈抟上表谢绝，交付宫中使者，自己立刻隐避了。从此，陈抟随心所欲地徜徉游历于山水之间。

有一年，陈抟遇见孙君仿、獐皮处士二人。这二人被誉为高人，他们告诉他："武当山九室岩可以隐居。"于是，他便前往武当山九室岩栖隐，吐纳服气，不食烟火，每天仅饮酒数杯，静默修炼了20余年。这期间，他撰写《指玄篇》81章、《入室还丹诗》50首，又作《钓潭集》一万余字，阐述道的精微奥妙。

传说陈抟深夜焚香读《易》，有5个老人经常来听他诵读，长眉白发、容貌古怪。时间长了，陈抟便问他们从哪里来。老人们说："我们是此地武当山日月池中的龙，这里是玄武帝君治理的地方，华山才是先生栖隐的去处。"五龙命他闭目，凌空驭风飞到华山，将陈抟安放在一块大石上，陈抟睁开眼睛，五位老人已不见。有人说，陈抟睡觉的本领就是龙教的，因为龙善于睡觉。今华山五龙桥附近的五龙潭，相传即为五龙驮陈抟来华山之后的栖隐之所。

陈抟的学术贡献主要在易学、老学和内丹学3个方面。在内丹修炼上，他成就了著名的睡功，成为中国历史上著名的"睡仙"。

在常人看来，似乎陈抟一心贪睡，是个整天昏睡的懒道士。其实，

华山陈抟老祖卧像

陈抟的"睡"是一种高明的修炼，与常人的睡眠不同，是一种形似睡眠——采取了睡姿，实为道家内丹的功法。后世传有《陈希夷胎息诀》和《华山睡功法》，皆为道教静功。陈抟的"睡"与众不同。或说陈抟"多闭门独卧，经累月到百余日不起"（《谈苑》），或说陈抟之睡，"短则月余，长则数年"（《贵耳集》）。陈抟"睡"名远扬，后周周世宗柴荣曾把陈抟请至宫中，检验他的睡功，他果然熟睡一月有余（《坚瓠续集》）。这种睡法，世间多么嗜睡的人也很难做到。陈抟睡时，"出入无息，面色红莹"（《历世真仙体道通鉴》），得以"蜕老而婴，动如神人"（《丹渊集》）。陈抟之"睡"，是其神奇的修炼方法、超然的处世哲学和完善自我价值的真实写照。

北宋端拱元年（988年）的一天，陈抟对弟子贾得升说："我明年中元（农历七月十五）后要游峨眉山，你去张超谷中开凿一间石室。"第二年，陈抟从峨眉山回来，石室已成，他欣然来到其中，写下了几百字的遗表，大意是说："我的寿数已有终期，圣恩已难以留恋，已于今年十月二十二日化形于莲花峰下张超谷中。"到了那一天，陈抟命人灭掉烛火，独自一人留在石室中，用左手撑着下颌而死，享年118岁。

第四节 华山的历史文化古迹

华山不仅留下了无数名人的历史足迹，也留下了许多的文化遗迹。自隋唐以来，李白、杜甫等文人墨客咏华山的诗歌、碑记和游记不下千余篇，摩崖石刻多达上千处。自汉代的杨宝、杨震到明清时期的冯从吾、顾炎武等，有不少学者都曾隐居华山诸峪，开馆授徒，一时蔚为大观。同时华山也是道教圣地，被称为道教"第四洞天"，有四仙庵、传曾为谭紫霄、马丹阳、刘海蟾、邱处机等人的修炼处。还有陈抟、郝大通、贺元希等著名的道教高人，留有避诏崖、希夷祠、希夷睡洞和睡像等遗迹。山上现存有72个半悬空洞，有道观20余座，其中玉泉院、东道院、镇岳宫被列为全国重点道教宫观。

华山玉泉院

华山的道教宫观很多，历史也很悠久，早在汉武帝时就建有集灵宫，唐朝时又陆续出现了一些由道士们自己营建的宫观。相传大上方的白云宫就是唐金仙公主的修道处，至今遗迹犹存。经过宋、元两代的发展，到明代时华山上的道教宫观已经很多了，香火旺盛。由于庙宇宫观最初多建在峰顶，清康熙十六年（1677年）山洪暴发，很多庙舍被冲毁破坏，所以清代以后重建的宫观多改建在山谷内。

一、西岳庙

华山最主要的宫观是西岳庙。该庙在华山脚下10里处，华阴县东5里，旧址在黄神谷。西岳庙始建于汉武帝时。东汉桓帝延熹八年（165年）曾立有《西岳华山庙碑》，记录了东汉统治者祭华山、修庙、祈雨等事件。北魏兴光元年（454年），文成帝时，见旧庙已经毁坏不堪，便在华阴县东5里处的官道北兴建了新庙。

从北魏开始直至清代，历朝历代不断地对该庙加以维修和扩建。目前西岳庙的建筑和规模是清乾隆四十四年（1779）修建后留下的，它是华山的第一大庙。庙的主殿称"灏灵宫"，是祭祀华山神的地方。唐玄宗开元元年（713年）封华山神为"金天王"，宋真宗大中祥符四年（1011年）

华山西岳庙

封五岳帝号时，华山被封为"金天顺圣帝"。庙中有南北朝时北周所立的岳庙碑和唐代的岳庙精享昭应碑，另外还有青牛树，相传老子在此树上系过青牛。庙后有万寿阁，旧称藏经楼，是明代万历年间（1573—1620年）道士席演魁所建。

二、玉泉院

玉泉院，是华山北麓的登山路口，也是华山脚下一个园林式的道家寺院。它依山而建，四周古木参天，风声鸟语，院后崇山峻岭，绿云翻涌。这里既是寺院名胜，又是风景园林。玉泉院是著名道士陈抟修建的，因院内有一股神奇甘美的清泉而得名。陈抟被奉为道教先祖之一，后来玉泉院就以供奉这位道祖为主。

入玉泉院的山门，登石阶穿过正门沿着石路前行，就到了希夷祠。

希夷祠分前殿和后殿，前殿左侧有"华山全图碑"，右侧有宋代著名书法家米芾写的"第一山"石碑，后殿端坐着陈抟老祖的塑像。院内有一副对联："从此登极峰，看玉女莲花孰好；归来想此路，觉苍龙犁沟犹平。"围绕着希夷祠还有其他一些建筑，诸如希夷冢、希夷洞、山荪亭、纳凉亭、无忧亭、石舫、群仙殿和三官殿等。山荪亭建于一块大石之上，构筑奇特，巧夺天工，陈抟常在这里观赏景色，著书立说。亭旁有一古树，名为无忧

华山玉泉院陈抟老祖大殿

华山玉泉院

树，苍老而佝偻，传为陈抟亲手所植。希夷洞在亭下不远处，为陈抟栖息之所，内有他的睡像。

整个玉泉院廊庭回环，亭台参差，泉流潺潺，绿树成荫，情趣盎然。康有为在《玉泉院》一诗中写道："谷口清泉引曲流，长廊回医树无忧。泉声山色可忘出，让与希夷睡万秋。"

玉泉院两旁还保存着一些道观：东有仙姑观，为金仙公主来华山修道的行宫；西有全真观，是当年贺元希尊师居住的地方。玉泉院后面的通天楼遗址上，现已建起一座通天亭，攀登华山的起点就从这里开始。

1900年，八国联军在中国大肆烧杀抢夺，清朝的军队不堪一击，被打得溃不成军。这一年的8月14日，八国联军攻陷北京城。这时的慈禧太后十分惊慌，将自己打扮成一个平民模样，带着光绪皇帝及一些王公大臣等数百人，匆匆离开北京向西方逃去。

他们一路经昌平、过居庸，很快进入了山西境内。可是到了9月底，北京传来消息，八国联军要由北京进军山西，本来就惊魂未定的慈禧这下更慌了手脚，与几位王公大臣一商量，决定转往陕西省城西安。往西安途中，慈禧又得到情报，八国联军入山西娘子关后，因兵力不足，又撤了回去。这对慈禧来说可谓一件天大的喜事，他们便不再着急赶路，一路走走停停，如出游一般。当慈禧一行走到华山脚下时，便在华山做了一次短暂的停留。

慈禧与光绪这次在此只是游览了西岳庙和玉泉院，并命国子监祭酒

华山玉泉院牌匾

陆润庠替慈禧书写了匾额"道崇清妙",替光绪帝书写了"古松万年"悬挂于玉泉院。

游完华山后,慈禧一行去了西安,并且在这个临时的避难之地大兴土木,建造临时行宫。至1900年12月,八国联军拟定了《议和大纲》,里面列了12个条款,慈禧草草看过后,毫无异议。就这样,丧权辱国的《辛丑条约》于1901年正式签订,中国的主权、尊严被一扫而光。

然而,《辛丑条约》的签订却给流亡西安1年多的慈禧带来了莫大的欢乐,他们一行终于可以返回皇宫了。在返回北京路上再次经过华山,慈禧与光绪又一次到了西岳庙烧香拜佛,之后又游览了玉泉院。这一次,他们的心境与上一次逃难截然不同了,游览了山下美景后,慈禧与光绪余兴未了,乘着轿子到了青柯坪等景点,饱览了华山的壮丽雄姿。他们在玉女峰留下了匾额。

慈禧和光绪并没有登上华山顶峰。慈禧住在西岳庙期间,发现用

华山玉泉院内景

第三章 西岳华山

来自醴泉的水泡的茶味道甘甜美妙，便命人专程找来 10 个大桶，满满地装上醴泉之水，让马匹驮回北京去享用。慈禧和光绪千里驮水的故事也就此传开了。

三、云台宫

云台宫位于玉泉院北行约 1 公里，曾是历史上很有名气的道教活动之地。据载，此处一直为老子之徒所占。古代帝王来华山巡狩祭天，无法登山时也要来这里看一看。

云台宫始建于魏晋南北朝时期，为北周焦道广初创，唐天宝年间金仙公主复修。该观在宋代达到极盛，明代时，毁于兵火。云台宫之所以有名，是因为有 3 位名人曾在这里活动过。魏晋南北朝时道士焦道广，曾在这里居住，相传他已修炼成"避粒餐霞"之术。宋初的陈抟，是在此居住的另一位有名的人物。宋太宗赵匡义赐号希夷，并屡次召他进京做官，均被他谢绝。当他移居云台宫时，已经 70 多岁，在此一住

华山云台宫

就是40多年。明末清初，顾炎武为抗清复明奔波一生，晚年时在云台宫内的朱子祠隐居。

虽然经多次修建，但云台宫规模却越来越小，观内土地大都荒芜。清乾隆十六年（1751年），华阴知县姚远寿，开始在这里建起了"云台书院"，修校舍22楹。时至今日，唯一保存下来的是晋武帝太康八年（287年），华阴太守魏君实所植古柏一株，其枝干龙虬，形态苍劲，同玉泉院门南北相对。古柏左侧是棱形的"云门池"，池北有一块大石，相传此池为赵匡胤饮马池。当地人所说的"一柏一石一眼井"，就是指此而言。

云台宫是唐朝金仙公主和玉真公主出家修行的地方。两位公主都是唐睿宗之女，昭成窦后所生，都为唐玄宗李隆基的同母所生的妹妹。两个公主在很年轻的时候，自愿做了女道士。两位公主出家原因为何？史书记载不多，留给了后人多种猜测。

金仙和玉真两姐妹成长的时候，恰好是宫廷斗争最错综复杂、最血腥的时候，积极参政而且飞扬跋扈的公主，往往下场最悲惨。两位公主对此都是耳闻目睹的。姐妹俩又没了母亲的庇护，在宫里更是处处留心，尽量远离这些复杂的人和事。姐妹俩从十一二岁开始就慕仙学道，向往静修的生活。

金仙公主23岁左右，玉真公主20岁左右，姐妹俩一起向父亲唐睿宗提出要出宫做女道士。古代女子这个岁数很少有不嫁人的，所以有人推测，她们都曾嫁过人，但并不愿意过婚姻生活，等到父亲唐睿宗一当政，她们就立刻提出离婚，过她们幼时就愿意过的生活。皇帝当然不会轻易同意她们出家做道士，主要是怕委屈了两位公主。但两位公主态度坚决，她们提出为"母亲祈福"的理由。这大概使唐睿宗想起了她们横遭不测的可怜的母亲窦后。另外，他对两位公主从小学道的习性，应该是很了解的。于是应允，并为两位公主在长安、洛阳、终南山、王屋山等地大修道观。后来两位公主到华山白云峰构舍隐居，修道养真。

关于两位公主出家修道的由来还有一个说法。唐睿宗李旦逼迫武则天退位后登基，在武则天死后他又标榜孝行，为了掩盖自己的虚伪，不惜牺牲两个女儿的幸福，于710年让金仙公主和玉真公主出家修道，超度武则天亡灵。

身不由己的两位公主当时就到华山云台宫出家了。但是两位公主出家后并非忘却凡尘，曾经为了皇族子弟的王位继承上疏朝廷。事情缘于唐高宗李治被武则天篡位后，李治的很多儿子惨遭杀害。武则天先是杀害了她的亲生儿子李弘和李贤，又于690年逼得李治的另外两子李上金和李素节自杀，并对他们的子女也大开杀戒，致使王室后人死的死，逃的逃。在李显即位后曾下诏李上金和李素节的后人无罪并继承王位和财产，这时李上金和李素节的后人们才敢承认自己的身份。李上金的儿子又被封为王，李素节的后人们想霸占李上金的财产，诬陷李上金的儿子身份有假，致使其再次受贬。这时的玉真公主费了许多周折弄清楚事情真相，并于724年上疏朝廷，陈明事情原委，使李上金的儿子平反昭雪，同时惩罚了李素节的两个儿子。

之后不久，安史之乱爆发，叛军在长安大肆杀害皇亲国戚，安史之乱后，便没有了金仙公主的记载，后人揣测金仙公主死于战乱之中。之后唐肃宗即位，玉真公主得以跟随其兄长太上皇玄宗入宫。但好景不长，肃宗很快将玄宗逐出宫外，玉真

仙鹤

公主也被再次逼入道观。此时的玉真公主已经50岁左右。她后来一度再入华山，于762年忧郁而死。后人传说两位公主是在白云峰修炼成仙驾鹤飞升，并给该地命名驾鹤岭。

虽然两位公主出家原因和尘世之缘多为猜测，但两位公主的出家确有其事，唐代文人就常有描述。诗仙李白有诗云："玉真之仙人，时住太华峰。"大文学家韩愈也在《华山女》中写道："华山女儿家奉道，欲驱异教归仙灵。"

后人为纪念唐朝公主的华山修行，在白云峰修建了白云宫，在玉泉院东建了仙姑观，又名仙宫观。现在华山白云峰尚有宫祠、竹园、药畦、看岳棚遗址和"唐金仙公主修行处"的石刻。

另外，华山还有镇岳宫、玉女祠、全真观、圣母殿、毛女祠、炼丹炉、巨灵祠等宫观。这些宫观多依山而建，结构精巧，在苍松翠柏的掩映下，更增添了华山的秀丽多姿。

知识小百科

长空栈道

长空栈道是元代陇西贺元希来华山时所凿。凿洞必先开道，所以这里的一切，全是这位开山元勋和他徒弟们的功劳。他在华山用于开道、凿山洞的时间是40年。所以，后人才把他尊为华山一位神来供奉，并有许多神话故事流传。今天我们登华山时，有些险道连登都不敢登，可见贺元希当初开道、凿洞是何等艰辛了。中华人民共和国成立后，此处几经修整，虽较安全，但仍不失"华山第一险道"之名。

第四章

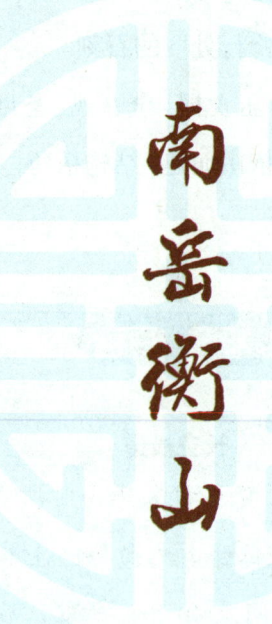

南岳衡山

第一节 衡山的自然地理状况

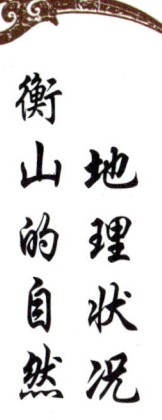

一、衡山的地理位置

南岳衡山，位于湖南省衡阳市境内，是我国著名的五岳之一，海拔1300.2米。由于气候条件较其他四岳好，处处是茂林修竹，终年翠绿；奇花异草，四时飘香，因此又有"五岳独秀"的美称。

南岳衡山

衡山又名寿岳、南山，主峰坐落在湖南省第二大城市——衡阳市南岳区，七十二群峰，层峦叠嶂、气势磅礴，素以五岳独秀、宗教圣地、文明奥区、中华寿岳著称于世。《诗经》中"福如东海，寿比南山"的"南山"即指衡山。

国务院于 1982 年批准衡山为国家级重点风景名胜区，后为中国首批 5A 级风景区。

二、衡山的自然景观

南岳衡山自然风光秀丽多姿，人文景观丰富多彩。祝融峰之高，藏经殿之秀，方广寺之深，水帘洞之奇，古称南岳"四绝"。春看花，夏观云，秋望日，冬赏雪，为南岳四季奇观；飞瀑流泉，茂林修竹，奇峰异石，古树名木，亦是南岳佳景。风景区内有 24 岩、12 洞、7 潭、8 溪、20 泉、3 瀑布。自晋以来南岳佛教、道教共存，历代不衰，为宗教史上所罕见。南岳山高林密，环境宜人，气候独特，是著名的避暑和观冰赏雪胜地。

衡山云海

知识小百科

衡山的动植物

南岳衡山是一座天然的植物园和动物园。这里有世界稀有的原始次生林，有600多种树木和800多种草本植物。其中有东晋的银杏，明代的古松，世界罕见的绒毛皂荚，奇异的摇钱树、连理枝、同根生、金钱松等。这里还有极其珍贵的华南竹鸡、杜鹃、鹰嘴龟、娃娃鱼等物种。

唐代文学家韩愈诗云："祝融万丈拔地起，欲见不见轻烟里。"这两句诗既写了祝融峰的高峻、雄伟，又写了衡山烟云的美妙。登临其上，可见北面洞庭湖烟波渺渺，若隐若现，南面群峰罗列，如障如屏，东面湘江逶迤，宛如玉带，西面雪峰山顶，银涛翻腾，万千景象尽收眼底。

衡山祝融峰

第二节 历史名人与衡山

一、韩愈开云

韩愈（768—824年），字退之，谥号文公，世称韩文公，唐代河内河阳（今河南孟县）人，自谓"郡望昌黎"，故又称其"韩昌黎"。唐代古文运动的倡导者，宋代苏轼称他"文起八代之衰"，明代人推他为唐宋八大家之首，与柳宗元合称"韩柳"，有"文章巨公"和"百代文宗"之名，明代万历年间与李宽、李士真、周敦颐、朱熹、张栻、黄干六人同祀于石鼓书院七贤祠，世称"石鼓七贤"。著有《韩昌黎集》四十卷，《外集》十卷，《师说》等。

唐贞元十九年（803年），韩愈任监察御史时，关中大旱，因其上疏请求减免赋税，反对宫市，得罪了权贵，被贬为阳山（今广东省阳山县）县令。唐永贞元年（805年），韩愈遇赦离开阳山，在湖南郴州待命3个月，至8月始调任湖北江陵府任法曹参军，他于是访郴州，经耒阳、衡州到南岳一游。

韩愈游南岳之时,恰逢秋雨连绵,巍峨险峻的衡山为阴云雾气所笼罩,不识衡山真面目。于是他向衡岳神祈祷晴朗的天气,希望感通神明,使愿望得以实现。恰逢云开雾散,天朗气清;衡岳诸峰,突兀高耸,直插碧空,他遂以为是自己精诚所感,后人亦附会称为"韩愈开云"。

韩愈游南岳作有纪游诗《谒衡岳庙遂宿岳寺题门楼》一首,诗中对衡山的景物以及他游衡山遭遇天气突变时的心情,作了生动、形象的描写,诗文节选如下:

喷云泄雾藏半腹,
虽有绝顶谁能穷?
我来正逢秋雨节,
阴气晦昧无清风。
潜心默祷若有应,
岂非正直能感通。
须臾静扫众峰出,
仰见突兀撑青空。
紫盖连延接天柱,
石廪腾掷堆祝融。
森然魄动下马拜,
松柏一径趋灵宫。

知识小百科

唐宋八大家

唐宋八大家是唐宋时期八大散文作家的合称,即唐代的韩愈、柳宗元和宋代的苏轼、苏洵、苏辙(苏轼、苏洵、苏辙父子三人称为三苏)、欧阳修、王安石、曾巩（曾经拜欧阳修为师）。明初，朱右最初将韩愈、柳宗元、苏轼、苏洵、苏辙、欧阳修、王安石、曾巩八位作家的作品选编在一起著成《八先生文集》，后唐顺之在《文编》一书中也选录了这八位唐宋作家的作品。明朝中叶，古文家茅坤在前人基础上对八位作家的作品加以整理、选编成书，取名《八大家文钞》，共160卷。"唐宋八大家"从此得名。

二、李泌南岳隐居

李泌（722—789年），字长源，陕西京兆（今陕西省西安市）人。唐朝大臣，历仕唐玄宗、唐肃宗、唐代宗、唐德宗四朝。唐德宗时，官至宰相，封邺县侯，世人因称李邺侯。唐天宝中期，李泌自嵩山上疏论施政方略，深得唐玄宗赏识，令其待诏翰林。因为遭当时的宰相杨国忠所忌，归隐名山。安禄山叛乱，唐肃宗即位灵武，召他参谋军事，又为幸臣李辅国等诬陷，再次归隐于衡山。唐代宗即位，召为翰林学士，又屡为权相元载、常衮排斥，出为外官。

李泌画像

李泌年幼时曾有神童之称，7岁便能为文赋诗，在一次儒、道、释三教学者聚会上，唐玄宗把7岁的李泌也召入宫中，此时的李泌就以非凡的文学才华征服了与会的君臣，深得唐玄宗李隆基的赏识。

《三字经》就把李泌当成一个典范来启发人们早学:"莹八岁,能咏诗;泌七岁,能赋棋。彼颖悟,人称奇,尔幼学,当效之。"唐天宝十年(751年),他以翰林供奉东宫,陪伴太子李亨(唐肃宗)读书。不久,他因避杨国忠祸潜隐名山,遁迹嵩山、华山。安史之乱爆发的第二年,即756年,李亨在甘肃临武即位,是为唐肃宗,他遣使召回李泌,事无大小都向他咨询。唐至德二年(757年),李泌向唐肃宗建议先取范阳(今北京市),为击败安禄山立了大功,因而更深得唐肃宗信任。两京(长安、洛阳)收复,大局初定后,李泌就要求到南岳隐居。唐肃宗一再挽留他,李泌回答说:"臣有五不可留,臣遇陛下太早,陛下任臣太重,宠臣太深,臣功太高,亦太奇,请陛下听臣去,免臣于死。"唐肃宗只好下诏,给其以三品俸禄,赐隐士服,李泌就成了南岳第一个钦赐的隐士。唐肃宗并为李泌在南岳烟霞峰下兜率寺侧建房,命名为"端居室"。

后人称端居室为"邺侯书院",这是中国历史上最古老的一所书院。李泌在此度过了12年(757—768年)修身养性、纵情山水、博览群书的生活。端居室也是中国最早的私人藏书馆。韩愈在《送诸葛觉往随州读书》诗中有句"邺侯家多书,架插三万轴",可见李泌在南岳藏书之多。

李泌刻中国最早的斋馆印——"端居室"

相关李泌在南岳隐居时的活动,历史上留下的记载很少。据说他曾随元和先生张太虚学习道教秘文,又与明瓒禅师希操等高僧交往甚深,著有《明心论》。李泌出入于释、道之间，熔儒、释、道三者思想于一炉，形成了其独特的智慧，得以应付以后的政治生活。

李泌也精于书法，至今福严寺侧石壁上，尚有石刻"极高明"三个大字，传为李泌读书山中时手书，此处因此命名为"高明台"。福严寺僧人为高明台作冠联为"高无见顶相，明不借他光。"这一诠释与李泌原崇奉的儒家学说的"高明者，天地"是相通的。

李泌一生崇尚出世无为的老庄之道，视功名富贵如敝屣，所以在唐肃宗、唐代宗两朝数度辞宰相之职，并且最终远离朝堂，长年隐居于衡山。不知道出于什么原因，在唐贞元三年（787年）6月他终于同意唐德宗的请求，出任宰相，当时他已经是67岁高龄。即便他想把当年的唐肃宗和唐代宗求之不得的智慧和心力全部贡献给幸运的唐德宗皇帝，可上天却没有给他和唐德宗太多的时间。唐贞元四年（788年）3月，李泌便与世长辞。虽然李泌在任时间很短，但是他却做了许多意义重大的事，从而在相当程度上保证了唐贞元年间国家总体形势的和平与稳定。

李泌死后，他的儿子李繁曾任随州（今湖北随县）刺史，在南岳庙左建书院，称南岳书院。千百年来，李泌一直是南岳衡山的一位传奇人物，为儒家、佛家、道家所共同赞颂。游人往往在此凭吊怀想，留下不少佳篇。清袁枚的《咏邺侯》诗中写道："调停骨肉同田叔，假托神仙学子房；一品衣披紫微令，半生心在白云乡。"

三、李白、杜甫的衡山诗篇

李白（701—762年），字太白，号青莲居士，又号"谪仙人"，有"诗仙"之称，是中国唐代伟大的浪漫主义诗人，其诗以描写山水和抒发内心的情感为主。他与杜甫并称为"李杜"。

李白塑像

李白出生于盛唐时期,他的一生绝大部分在漫游中度过,曾游历了大半个中国,自称"五岳寻仙不辞远,一生好入名山游。"李白对南岳向往已久,于唐乾元元年(758年)秋取道长沙,溯湘江而上,以游衡山。

宋代陈田夫撰的《南岳总胜集》和清代光绪年间编修的《湖南通志》及李元度《南岳志》都收录了李白写的一首《游方广寺》诗。诗为:"圣寺闲栖睡眼醒,此时何处最幽清?满窗明月天风静,玉磬时闻一两声。"诗中描绘的情景正是名山古刹的深秋景况。

唐乾元二年(759年),李白遇赦,第三次到湖南。这一年,他在武昌写了《与诸公送陈郎将归衡阳》诗,诗前有序。诗的前四句"衡山苍苍入紫冥,下看南极老人星。回飙吹散五峰雪,往往飞花落洞庭",用夸张的手法描写了南岳之高。这是诗人在前一年秋天实地游历南岳的基础上,加以想象而凝成的名句。800年后,明代政治家张居正在登上祝融峰顶,环视诸峰,极目远眺时,曾感叹说:"太白五峰晴雪飞花洞庭之句，盖实景也。"

　　杜甫（712—770年），河南巩县（今巩义市）人，字子美，自号少陵野老、杜少陵等，是唐代现实主义诗人，世称杜工部、杜拾遗。他忧国忧民，人格高尚，一生写诗1500多首，他的诗诗艺精湛，也被称为"诗史"，因此他被后世尊称为"诗圣"。和李白相同的一点就是他也曾热衷于游历，在他35岁之前都在读书、漫游。

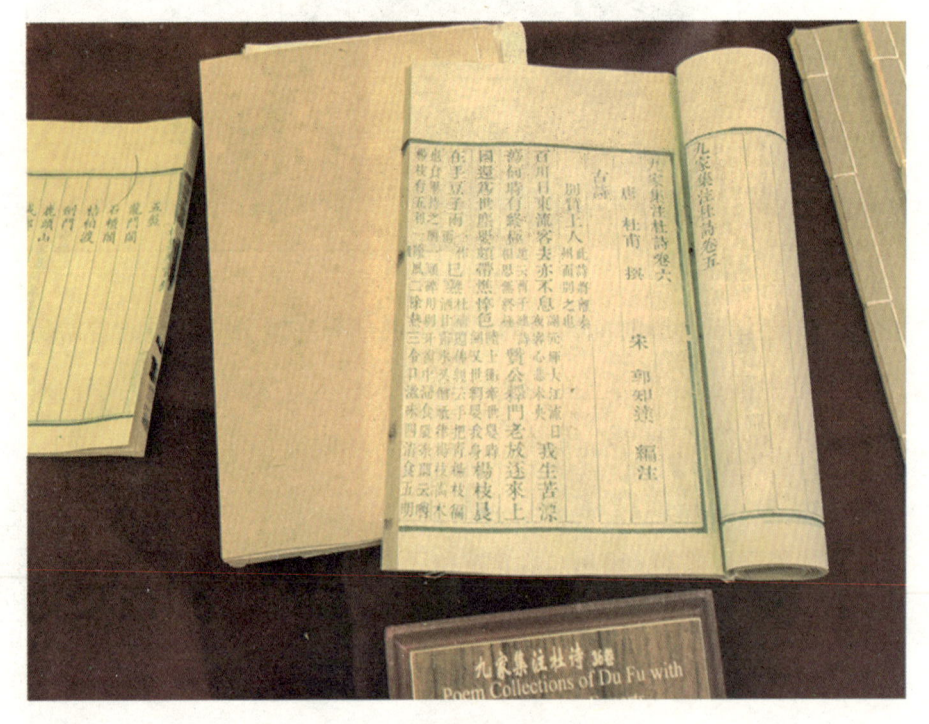

九家集注杜诗

　　据《新唐书·杜甫传》记载：766—779年，杜甫出瞿塘，下江陵，经水路到湖南，以登衡山。766年正月，杜甫带着全家离开四川，出三峡。3月到达湖北江陵，冬末到达湖南岳州（今岳阳市），769年正月到达潭州（今长沙市），春末离潭州赴衡州（今衡阳市）。

　　在路过衡山时，杜甫写有《望岳》这一著名诗篇。在这首诗中，他描绘了祝融、紫盖、天柱、芙蓉、石廪五峰的形势："祝融五峰尊，峰峰次低昂。紫盖独不朝，争长嶙相望。"接着他又写道："牵迫限修途，未暇杖崇冈。"由于长途旅行所局限，他们没有时间拄杖登山游览。

杜甫这次入湖南，意在访老友——衡州刺史韦之晋。到衡州后，始知韦之晋已改任潭州刺史，于是又折回潭州。770年4月，韦之晋时已逝世，在潭州湖南兵马使杀湖南团练使，潭州一片混乱厮杀。杜甫又被迫南下衡州。在路过衡山时，写下《题衡山县文宣王庙新学堂呈陆宰》一诗。到衡州后，又写了《朱凤行》一诗。诗曰："君不见，潇湘之山衡山高，山巅朱凤声嗷嗷。侧身长顾求其群，翅垂口噤心甚劳。下愍百鸟在罗网，黄雀最小犹难逃。愿分竹实及蝼蚁，尽使鸱枭相怒号。"杜甫借描绘象征南岳的朱凤，表达对人民疾苦的同情和对奸邪恶人的怨恨。杜甫一生疾恶如仇，对朝廷的腐败、社会生活中的黑暗现象都给予批评和揭露。暮秋，杜甫病逝于潭州和岳州之间的旅途中。

知识小百科

杜甫的"三吏""三别"

"三吏"为《新安吏》《石壕吏》《潼关吏》，"三别"为《新婚别》《垂老别》《无家别》，是杜甫现实主义诗歌的杰作。真实地描写了特定环境下的县吏、关吏、老妇、老翁、新娘、征夫等人的思想、感情、行动、语言，生动地反映了那个时期的社会现实和广大劳动人民深重的灾难和痛苦，展示给人们一幕幕凄惨的人生悲剧。

在这些人生苦难的描述中，一方面，诗人对饱受苦难的人民寄予深深的同情，对官吏给予人民的奴役和迫害深恶痛绝；另一方面，他又拥护王朝的平乱战争，希望人民忍受苦难，与王朝合作平定叛乱。这种复杂、矛盾的思想反映了诗人忧国忧民的情怀。

四、朱熹三任南岳庙祀官

朱熹（1130—1200年），字元晦，南宋江南东路徽州府婺源县人（今江西省婺源），是南宋著名的理学家、思想家、哲学家、教育家、诗人，闽学派的代表人物，世称紫阳先生。朱熹是理学的集大成者，世称朱子，是孔子、孟子以来最杰出的弘扬儒学的大师。朱熹作为一代理学名家，著述甚多，主要有《四书章句集注》《楚辞集注》及门人所辑《朱子大全》《朱子语录》等。

朱子遗书

朱熹一生3次当过监南岳庙的祠官，紫阳学略中这样记载：以亲老食贫，不能待次，请奉祠监潭州南岳庙。33岁时，孝宗即位，高宗内禅，复差监南岳庙。36岁时，以时相方主和议，复差监岳庙。但这三次都只是遥领食俸，却并未亲临南岳。

宋乾道三年（1167年）8月，朱熹听说张栻得南岳名儒胡安国之学，特从福建崇安来潭州（今湖南长沙市）访问张栻，共同探讨《中庸》

的义理，二人谈了3昼夜，认识没有统一。留住两个月后，他与张栻、林用中同游南岳。他们于1167年11月6日自潭州渡湘水。10日过石滩，忽然大雪纷飞。11日抵衡山岳北，宿草庵。12日在草庵休息，雪到傍晚未止。这天，湘潭彪居正（胡宏弟子，张栻好友）来与他们相会，认为不能登山，但朱、张二人游意坚决，决定次日冒风雪而行。朱熹在庵中吟诗遣兴，有句云："不须疑吾言，第请视明旦。"张栻也唱和道："决策君勿疑，此理或通贯。"夜半雪止，13日拂晓，天色放晴。朱熹又赋诗曰："急须乘霁雪，何必散银杯。"后人附会"朱张霁雪"与"韩愈开云"这两桩巧合的气候变化为天助，并为纪念此事，在岳北白山书院前建"霁雪楼"。

朱、张二人登山这天，彪居正因畏寒辞归，他们一行3人从岳山后马迹桥登山，经莲花峰，夜宿方广寺。14日，游览了福严寺、南台寺、马祖庵、大明寺、高台寺，登祝融峰，夜宿上封寺。15日，胡实、范念德来与他们相会，同游仙人桥，再登祝融峰。当天夜里，风雪交加。16日天未明，即被惊醒，因石磴冰结，不可行走，他们急忙由前岭下山，路已很滑。原拟访邺侯书堂，因林深路绝，无法前往。当天，他们步行了30里，到达南岳市，夜宿胜业寺。此行从10日到16日，历时7天，虽天气恶劣，但他们游兴甚浓，诗兴大发，一路上泉场、霜月、残雪、晚霞尽皆入诗。他们相互唱和，共作诗149首，回来后编成《南岳唱酬集》，张栻写了序言。清代时，此诗集被收入《四库全书》。

朱熹后来写了《南岳游山后记》一文。这次南岳之游，使朱熹对南岳的泉石之胜、竹树之奇、雪月烟霞之态，产生了极大的兴趣和眷恋的感情。

宋光宗绍熙四年（1193年），朱熹出任潭州知府。这次，他为培护南岳的风景林木，发布约束榜，这是南岳历史上第一张封山育林的政府布告。

知识小百科

宋朝多出名人

宋朝是个人才辈出的年代，有寇准、包拯、欧阳修、范仲淹、王安石、苏东坡、沈括、岳飞、朱熹、李清照、辛弃疾、文天祥等一大批在中国乃至世界史中光彩夺目的人物。宋朝因为非常重视文教，学术文化的成就很高，中国文化至此更趋精深成熟，所以各方面的人才也就不断地涌现出来了。明人宋濂谓："自秦以下，文莫盛于宋。"唐宋八大家，宋朝占了六位，除"三苏"（苏洵、苏轼、苏辙）外，还有王安石、曾巩、欧阳修。宋朝有四大书法家：苏东坡、黄庭坚、米芾、蔡襄。北宋有理学家二程：程颐、程颢。南宋有东南三贤——朱熹、张栻、吕祖谦，还有四大家——陆游、杨万里、范成大、尤袤。

第三节 衡山的历史文化古迹

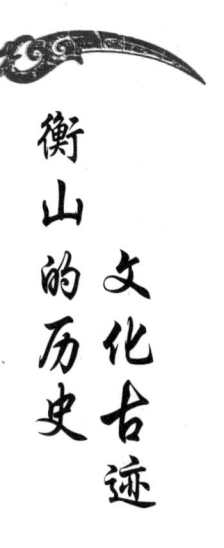

南岳也是一个享有盛名的文明奥区。古代，这里曾有108座庙宇，现存26座。它是我国佛教、道教并存的名山，宗教文化源远流长。有形似故宫的岳庙，有为"六朝古刹、七祖道场"的福严寺，有日本曹洞宗视为祖庭的南台寺，还有道家称为二十二福地的光天观。南岳大庙，规模之宏大，建筑之精美，结构之完整，布局之周密，实属罕见。在南岳古镇，还有一座佛教古寺——祝圣寺。祝圣寺为南岳最大的丛林佛寺，由五进八群院落组成，内有五百罗汉石刻。它位于镇的东街，与南台寺、福严寺、上封寺和大善寺，合称为南岳五大佛教丛林。其他如广浏寺、湘南寺、丹霞寺、铁佛寺、方广寺及传法院、黄庭观

衡山湘南寺

等，都是明代以前的古寺，规模大小各不相同。

南岳还是湖湘学派的发源地。自唐代宰相李泌的儿子李繁为纪念其父在南岳隐居十二年修建的邺侯书院以后，先后在此出现了文定书院、甘泉书院、集贤书院等10余所书院。

衡山道观

南岳这块神奇的土地，为历代帝王、名人所仰慕。远古时代的尧帝、舜帝、禹帝均到过南岳祭祀。大禹治水，曾在衡山杀白马祭告天地，在皇帝岩斋戒祈求上天帮助，获天赐金简玉书，取得了治水方案，制服滔天洪水，功垂万世。清康熙、乾隆皇帝曾为南岳题词；李白、杜甫、柳宗元、朱熹、魏源、王船山、谭嗣同等历史名人均到过南岳，并留下了多首诗词、歌赋和多处摩崖石刻。

衡山文化名人雕塑群

一、主要道观

九仙观

九仙观位于湖南衡阳市东北，紫盖峰下，西有香炉峰，东有吐雾峰，将香烟缥缈的九仙观夹在中间。因该观在水帘洞上，道家称之为"朱陵洞天之灵墟"。它原是南岳最大的，也是最富有的一所道家宫观。它距离南岳镇6.5公里，原为寿仙观旧址。

九仙观始建于晋太康年间（280—289年），梁天监三年（504年）重建。梁天监十一年（512年），道士邓郁之在此修道逝世。传说他逝世时有八位真人来迎接他，分别是陈兴明、施存、尹道全、徐灵期、陈惠庆、张昙要、张如珍、王灵舆。这八位真人都是西晋以来先后在南岳修真得道的道士。这八位真人与邓郁之共九人被道家称为"南岳九仙"或"九真人"。南朝梁武帝曾御赐《九仙观》碑。唐玄宗时期，道士王仙峤居此观，后去京师长安，施茶募捐。因遇到太监高力士，被援引入见唐玄宗，唐玄宗赐了王仙峤许多金帛。王仙峤回到九仙观后，立刻将所赐财物用于重建观宇。九仙观重建落成后，唐玄宗诏命衡州铸铜钟一口，重4000余斤，由高力士监制，赠予该观。

衡山九仙观

九仙观几经兴废，直至新中国成立时，仍为南岳规模最大的道观。观内后园有罗汉松一株，盘根错节，主干空心，围约五丈，为千年古树。观前有一块天然大石，为宋代遗迹，上镌"九仙飞升之坛"，据传是"九真人"羽化飞升之处。观前有棋盘石一块，上书有"待我来"三字，字高达10尺余，还有"到此皆仙"四个大字，高约两尺，"云观""仙观"题刻字迹清晰。

玄都观

玄都观古称半山亭，位于南岳半山腰，清末同治皇帝时期由道士谭教清将始建于南齐的佛寺吸云奄改建而成。清光绪年间又加扩建，遂成南岳山中较大的一家道观。并辟为道教全真十方丛林，全称"十方玄都观"，后屡废屡建。

玄都观的建筑，红墙碧瓦，气势宏伟。玄都观有主殿三进和东西配房。第一进为观门，观门紧靠公路边，有一座八字形彩绘泥塑牌坊，中开拱门，上嵌"十方玄都观"石额，两旁有对联曰："遵道而行，但到半途须努力；会心不远，欲登绝顶莫辞劳。"观门内即为灵官司殿。第二进为正殿玉皇殿，殿前的石柱上有对联曰："半岭通佳气，中峰绕瑞烟。"第三进为三清殿。由于受山地的限制，观宇纵深不长，每进都向两旁发展，各进有横屋。后进没有过道直通，回栏曲折，都从侧边开门绕进，则又是一排长长的院落，与前进迥然不同，别有洞天。

衡山玄都观壁画

衡山玄都观

1985年11月3日，湖南省道教协会在此成立，选举会长驻此办公，亦作南岳道教协会会址。这里古树参天，烟雾缭绕，林幽景秀，院宇清雅。元朝名士胡汲仲曾作《半山亭》诗赞道：

万叠岚光冷滴衣，

青泉白石锁烟扉。

半山落日樵相语，

一径寒松僧独归。

叶堕误惊幽鸟去，

林空不碍断云飞。

层岩峭壁疑无路，

忽有钟声出翠微。

紫竹林在玄都观后，沿登山公路上升约300米处，始建年代已无从考证。宋代陈田夫《南岳总胜集》虽有记载，但语焉不详，但可知宋代已有此观了。1936年江西籍富商梅建南旅行至南岳，捐资重建紫竹林。新中国成立后，该处一度辟为佛道生产合作社宿舍。1980年后，落实宗教政策，发还归南岳道教协会管理，仍恢复为道观。

因紫竹林紧邻登山公路，山门旁又有榜额写着"内设送子殿"，很多香客们入内求神送子，使之香火颇旺。每年8月更是香期旺季，几乎整日香火不断。1992年，道众以其大量的香火收入和施舍的捐款，重修观宇，丹柱粉墙，焕然一新。

紫竹林山门侧开，紧靠登山公路东侧，山门额曰："紫竹林"，门书楹联曰："紫竹林中观自在，白云深处是道乡。"进入山门，便是大殿前坪。坪下一片竹林，翠竹万竿，绿叶摇风，大概也就是"紫竹林"名字的来由吧。竹林下可以隐约看见玄都观屋顶黄琉璃瓦的耀眼金光。两个道观早晚钟磬齐鸣，在半山中回响，靠山内侧为两栋连接的三厢平房，一栋是正殿，另一栋是道众宿舍，红墙辉映下

衡山紫竹林

面的竹林,给人以幽静而轩敞的感觉。

黄庭观

黄庭观在集贤峰下,白龙潭上侧,距南岳镇1公里,始建于唐初开德元年(816年),五代时重修,命名"魏阁"。后来宋仁宗赐名"紫虚元君之祠"。宋徽宗时崇尚道教,而道教著名真经为《黄庭经》,故赐名"黄庭观"。此后,历朝虽曾重修,但一直沿用该观名至今。

衡山黄庭观

黄庭观在道教中的名望很高。其原因主要是由于东晋咸和九年(334年),著名的女道士南岳魏夫人在礼斗坛白日飞升成仙。黄庭观门额的石刻是"山不在高",门联的石刻是"欲去西池谒王母,且来南岳拜夫人",可见南岳夫人的名气。

南岳夫人魏华存(252—334年)晋代女道士,字贤安,任城(今山东省济宁市)人,司徒魏舒之女。魏夫人幼年时,随父任朝廷官职,在洛阳居住,受到良好的家庭教育,平时喜欢读《老子》《庄子》,博览诸子百家著作。儿时,就接受天师道,羡慕神仙,静默养炼。年长时,信道修炼的意念日益强烈,平时按道教养生丹法服胡麻散、茯苓丸,并且用吐纳气液,摄生静养。

魏华存本身有出家修行的志向,可是遭到父母的坚决反对。魏夫人到24岁的时候,由父母做主嫁给了做官的南阳人刘文(字幼彦),并生下两子,长子取名刘璞,次子取名刘瑕。虽为人妻,魏华存仍坚定着修道之心，修行不止。待两子渐渐长大，更是另选住处静心修道。

一天，魏华存正在修行，忽然清虚真人到来，并交给她一部《黄庭内景玉经》（道教经典）。自此，魏华存更是潜心研读，日夜修炼。魏华存在洛阳修真养炼好多年，已获得上乘体验。后来，她丈夫刘文去世，魏夫人拟携二子渡江南下，离开洛阳到江南，半途中，盗贼横行，流寇打劫，而夫人所到之处，都平安无事，逢凶化吉。

到南方后，夫人的两个儿子都十分争气，长子刘璞任安城太守，次子刘瑕任太尉做从事中郎。离开两个儿子，夫人便上了衡山。一日，她来到集贤峰前，见这里百花争艳，百鸟婉转，林木茂盛，溪水潺潺，风景如画，魏夫人便在紫虚阁住了下来，成为最早在南岳修行的女道士。她在此清斋而居安静炼养，诵经修道，真功日进。魏夫人一边修道讲道，一边亲自注解手书《黄庭内景玉经》，并刻石嵌在黄庭观崖壁间，流传后世。魏夫人还写成《上清经》，并且对此经大力宣讲教化，由此形成了以士族知识分子为主体的道教上清派。所以，魏夫人被尊为道教上清派的祖师。

魏夫人自登上衡山，在此念经十六年。传说她虽已年老，却"颜如少女"。晋成帝咸和九年（334年）去世，享年83岁。据说是白日飞升，成了"神仙"。现在黄庭观门前存有"飞仙石"遗迹。"飞仙石"又名"飞升石"，古名"礼斗坛"，传说是魏夫人白日飞升的地方，石上有天然脚印，传说为魏夫人所踏。后来人们便尊称她为"南岳夫人"。唐朝诗人李白在《江上送女道士褚三清游南岳》一诗中，就有"寻仙向南岳，应见魏夫人"之句。

二、主要寺庙

南岳寺庙林立。《南岳赋》如此描绘："金碧璀璨，安堵穹崇。比岫联香，接宇闻钟。花雨成蹊，白云在封。"可见历史上南岳寺庙建筑的那种崇楼叠阁，富丽堂皇。而它们的建筑艺术与绮丽的山川相结合，也同样融入南岳所特有的文化里。据李元度《南岳志》资料，南岳历代寺庙约有150座，可见其繁盛。

衡山南天门祖师殿

但是几经战乱，南岳寺庙至今仅尚存12处，目前对外开放的有祝圣寺、福严寺、南台寺、上封寺、藏经殿等5处。其中最著名的是福严寺和南台寺。

衡山祝圣寺大雄宝殿

福严寺

福严寺位于掷钵峰东麓，是佛教十大丛林之一。它在中国佛教史上颇有名气，是禅宗的南宗著名的传法圣地。

福严寺古称般若寺，原为慧思禅师所创建。慧思先是在北方皈依慧文禅师，后来由于东魏和北齐战乱，从北方南下，率众40余人转入南岳，于陈光大二年（568年），在陈宣帝支持下，创建了般若寺，即今福严寺。慧思在南岳十年的传道活动，倡导"定慧双开"的佛教，促进了禅学的普及。陈太建九年（577年），慧思圆寂，世称"南岳大师"，后被天台宗尊为该宗第三祖，寺前遗存至今的"三生塔"即慧思墓。唐先天二年（713年），怀让禅师到南岳后，在般若寺居住30余年，将般若寺辟为禅宗道场，后通过他的弟子马道一禅师传法，南宗的"顿悟"佛法得传天下，佛教徒均以该寺为传法的佛院，可见它在南宗中的显赫地位。今天福严寺的山门上有"天下法院"的横额,两边有"六朝古刹""七祖道场"的竖联,即是指这一段历史。

怀让以后,与般若寺有关系的著名禅僧,唐有审承、良雅,宋有楚圆、保宗、慈感、文演,明有弘储,清有淡云、玄妙、海岸等人,他们都是一代宗师。

宋朝时,般若寺中有位名叫福严的僧人增修寺院,并栽柏树10株,由此时开始该寺改名为福严寺,一直沿用至今。明清时福严寺香火兴盛。

衡山福严寺

福严寺立于茂林修竹掩映之中,古藤老树纵横其间,参天翠黛的树林和肃穆端庄的寺宇相映成趣,使庙宇显得分外古雅。如今,该寺基本上保持了清同治九年(1870年)重修的规模。寺内有岳神殿、方丈室、祖堂、莲池堂、右禅堂、左斋堂、云水堂、藏经阁、法堂等古香古色的殿堂,组成一个寺宇整体。寺院周围还有许多名胜古迹,如慧思第一坐习禅处、三生塔(传为慧思三生灵骨安葬处)、磨镜台(怀让磨砖做镜启示马道一处,石上刻有"祖源"二字)、拜经台、罗汉洞和虎跑泉等。

知识小百科

三生塔

福严寺前后,有许多高大的石刻。其中,有一处石台名曰高明台,其旁边的岩石上还有一处石刻,中间是"佛"字,两侧为"高无见顶相,明不借他光",是指佛教极高,佛光极明,佛是极高明的。福严寺内还有慧思禅师的"三生塔",相传慧思三生的遗骨都藏在其中。据说慧思告诉弟子说,他的前一生、二生都在南岳修持,现在是第三生了。弟子们在禅林前一处岩隙中挖出一具老僧跌坐遗骨,遂命名该处为"一生岩";又在石壁下挖出法器和殿堂的基石,遂命名其为"二生藏";而把慧思死后所建墓塔命名为"三生塔"。

南台寺

南岳衡山禅宗的第一胜迹当数南台寺,该寺位于湖南省衡阳市南岳区瑞应峰下,海拔600余米,号称"天下法源",距福严寺不到2千米。该寺兴建于梁天监年间(502—519年)。陈光大元年(567

衡山南台寺

年），海印禅师曾经在这里修习禅法。唐天宝年间，禅宗七祖弟子希迁在行思禅师处学有所成之后,辗转到此。希迁将该寺定名为南台寺。因南台寺的附近有一磐石，平坦如砥，希迁便于其石上结庵，传授南宗慧能的禅法。当时南岳怀让等僧侣都很尊重他，他的影响日益广泛，来学习禅法者也日渐增加。不久，南台寺便成为南宗禅的一大道场，民众纷纷赶来皈依。希迁弟子有道悟、惟严等21人，后来逐渐分化为云门、曹洞、法眼三家。因此，南台寺可谓这三家禅宗的真正祖庭。

南台寺自唐代创建后，曾经圮废，直到宋代乾道元年（1165年）才被重新修缮。至明朝初年，寺院荒废。明弘治年间，元碍和尚重建。清初，寺院再次圮废。有些僧徒乘机分移寺产，在山下岳庙旁各建小寺，自称南台嫡系正派。清光绪年间，衡阳人淡云和尚与其徒弟见新、老南台寺真伪难辨，争利于禅林，有辱佛门，便下决心重振南台正宗。清光绪十六年（1890年），他找到了南台寺旧址，募捐一万八千余贯，于清光绪二十八年（1902年）开始动工，历时四年，到1905年将南台寺重新建成。新建的寺宇规模宏大，超过历代所建的规模。新中国成立以后，南台寺仍然是南岳僧侣农、禅并举的重点寺院。1982年，南台寺被国务院批准为全国重点开放寺庙。

现在的南台寺有4部分，山门挂有"古南台寺"匾额；二进为弥陀殿，里面有欢喜佛像，坦腹露胸，满脸笑容；正门上有"南台禅寺"门额；三进为佛殿，有塑像饰龛；四进为法堂、祖堂、云水堂。两厢各有斋堂、禅堂、客房等。寺中大小房舍共一百余间。

南台寺四周绿荫蔽日，古木森茂，寺前有一片落叶水杉林。水杉树高达20余米，直插云天，羽状针叶，树影婆娑。南台寺有一条小路通往南岳古镇，途中经过一个大石坡，石坡间有石磴数百级，在岩石上好像天梯架于岩壁上，故名天生磴。大石坡旁边有一块石头，名叫金牛石，相传上面印有金牛足迹。明正德十年（1515年）秋天，夏良用在金牛石上刻了一首诗云："手招黄鹤来，脚踏金牛背。尘世无人知，白云久相待。"

三、磨镜台

磨镜台地处衡山的怀抱之中，海拔600米以上，地势高旷，位于福严寺上方东北侧，周围松柏林立，竹影婆娑，风景秀丽。磨镜台之所以名扬天下，是因为这里流传着中国佛教史上一段发人深省的故事。

磨镜台

佛教传入中国后，被一部分中国僧人改造为中国化的佛教——禅宗。到了唐代，禅宗又分为南宗和北宗。北宗主张"渐悟成佛"的观点，意思是要求通过打坐、念经、持戒的途径来达到成佛、成祖的目的。南宗则主张"顿悟成佛"的观点，意思是之前的什么事情都不管，一刀两断，放下屠刀立地成佛。只要心中有佛，我心即佛，不打坐、不念经、不持戒，否定"我心"之外的一切"外物"，就完全可以成佛、成祖。两宗认识分歧，互相对立，水火不容。

唐朝，南岳福严寺有位著名的和尚，名叫怀让，这位高僧是佛教史上有名的禅宗七祖。

唐开元年间的一天，从四川来了一个和尚，名叫马道一，信仰北宗。说来有意思，虽然在教义上他应该与怀让势不两立，可他却是仰慕怀让的大名来的。当时怀让在般若寺（今福严寺）观音台讲法，马道一在相隔300米的地方结庐为庵，专门打坐、念经，想以此来影响怀让，吸引他信仰北宗。怀让见他来势不凡，显然是对南宗的一种公开挑衅，但他对此采取了一种特别的处理办法，既不动武，又不比法，他拿着一块青砖，在马道一打坐的石头上磨来磨去，磨得沙沙作响，以响声来干扰他打坐。一天、两天过去了，马道一不理他，到了第七天，马道一坐不住了，显然怀让的做法引起了他的兴趣，于是他走近怀让问道："大师，您磨砖干什么？"怀让答曰："磨砖做镜。"

马道一惊奇地问："磨砖怎么能当镜子用呢？"

怀让问："那你在这里做什么呢？"

马道一回答："我在这里打坐。"

怀让问："打坐干什么？"

马道一答："打坐自然是为了成佛。"

怀让反问道："既然磨砖不能成镜，那么坐禅又岂能成佛呢？"

马道一很是吃惊，问道："如何才能成佛呢？"怀让作偈道："心地含佛种，遇泽悉皆萌，三昧华无相，何坏复何成。"马道一听了，豁然领会禅机，大为敬服，立刻拜怀让为师，怀让说："比如用牛架车，车子走不了，是打车对，还是打牛对？"意思是说，打坐如打车，是没有用的，怀让又接着讲了许多南宗的道义，马道一越听越信服。

知识小百科

怀让禅师

怀让（677—744年），今陕西省安康市人。10岁开始便喜欢读佛学经典，15岁从玉泉寺恒景法师出家，10年后受戒学法，经嵩山慧安大师指点，参拜六祖慧能大师，亲侍慧能大师15年。713年到衡山居般若寺（今福严寺），在此弘扬佛法，吸引四方僧徒前来，学习禅宗心法。唐玄宗时（744年），圆寂于南岳。唐敬宗时，追谥"大慧禅师"。世称禅宗七祖，又尊为观音大士。他的弟子将其法语编录成《南岳大慧禅师语录》，通行于世。怀让禅师是佛教在中国本土化后出现的高僧，不仅促成了日后禅宗的发展，也促进了整个佛教的兴盛。

从此，马道一皈依了南宗，拜怀让为师，跟随怀让十年。后来，马道一到江西南康龚公山，建立禅林，聚徒传法。不久又带了139个徒弟，成了一方的宗主，被称为马祖。

因为这里发生过怀让磨镜传法的故事，后来，人们为了纪念怀让，将他磨镜的地方取名为磨镜台。磨镜台的路口，有一座"最胜轮塔"，就是怀让禅师的墓。墓对面是马祖庵，又称"传法院"，就是怀让当时传法的地方。怀让磨砖的那块大石头，马道一刻了"祖源"二字，大概是指马祖学佛是从这里起源的意思。

衡山怀让禅师墓塔"最胜轮塔"

第五章

北岳恒山

第一节 恒山的自然地理状况

一、恒山奇峰——兵家必争之地

北岳恒山位于山西省大同市浑源县境内。从地质特征来看，它是经历次造山运动和历次地壳升降运动形成的一座断层山，岩层为

北岳恒山

古老的寒武纪奥陶系石灰岩，距今已有5亿年。基岩大面积裸露，风化破碎严重，峰峦均呈尖形，沟谷切割较深，相对高差达1000米以上。

恒山山脉位于山西省北部，发脉于管涔山，沿东北向西南，山峦蜿蜒起伏，群峰险峻挺拔，为桑干河与滹沱河的分水岭，它西衔雁门关，东跨太行山，南障三晋，北瞰朔漠，莽莽苍苍，横亘塞上，巍峨耸峙，气势雄伟。恒山主峰天峰岭和其西面的翠屏峰对峙，浑水从中奔腾而下，峡幽谷深，石夹青天，形成扼关带水的绝塞天险，两峰遥望，断崖绿带，层次分明，描绘出雄伟壮观的北岳恒山水墨画卷。恒山东西绵延五百里，锦绣一百零八峰。倒马关、紫荆关、平型关、雁门关、宁武关虎踞为险，是塞外高原通向冀中平原之咽喉要冲，自古就是兵家必争之地。

春秋时期，代国靠恒山而存天下；战国时，燕、赵凭恒山而立天下；两汉时，匈奴利用恒山争天下；东晋时，慕容氏踞恒山而威天下；北魏时，拓跋氏依恒山而分天下；宋仗恒山而守天下；金恃恒山而鞭天下；元灭天下、清统天下，也凭借的是以恒山为主体的长城沿线的天险。历代名将曾驻守于此，战国时期赵国的李牧以及秦国的蒙恬，两汉的周勃、卫青、霍去病、李广、马武、吴汉，唐朝的尉迟恭、薛仁贵，宋朝的杨业、杨延昭，明朝的徐达、常遇春等中国历史上的著名军事将领为抵御外来侵略都曾在恒山地区作战。许多帝王、名将都在此打过仗，留下了众多的征战故事和文化遗存。

现在恒山景区内有保存较好的长城遗址4段，最长的一段有10千米，古城寨堡4个，烽火台36个，尤以落子洼烽火台群（人称"穆桂英点将台"）保存最好。

恒山集雄、奇、幽、奥于一体，素以"奇"而著称，又名玄岳，在五岳中有"泰山如坐、华山如立、衡山如飞、恒山如行、嵩山如卧"之说。恒山历史悠久,文化灿烂,气候凉爽,民俗独特,自然和人文景观兼胜,素有"人天北柱""绝塞名山""道教第五洞天"之美誉。今天的恒山风景名胜区总面积147.51平方千米,所辖功能各异、景色纷呈的旅游景区15个,主峰天峰岭海拔2017米。

恒山人天北柱牌楼

历史上恒山曾名常山、恒宗、元岳、紫岳。据史书记载,早在4000多年前,舜帝北巡时,遥望恒山奇峰耸立,山势巍峨,遂叩封为北岳,为北国万山之宗主。之后汉武帝首封恒山为神,唐玄宗、宋真宗封北岳火王、帝明太祖,又尊北岳为神。

二、恒山十八景

苍松翠柏、庙观楼阁、奇花异草、怪石幽洞构成了著名的恒山十八景:磁峡烟雨、云阁虹桥、云路春晓、虎口悬松、果老仙迹、断崖啼鸟、危岩夕照、龙泉甘苦、幽窟飞石、石洞流云、茅窟烟火、金鸡报晓、玉羊游云、紫峪云花、脂图文锦、仙府醉月、弈台鸣琴、岳顶松风。十八胜景，各有千秋，犹如十八幅美丽的画卷。

磁峡烟雨：磁峡即金龙峡，位于天峰岭与翠屏峰之间，其间石壁万仞，青天一线，在细雨蒙蒙时青岚缥缈、烟雾纷飞，妙趣横生，涧底流水夺口而泻。明代大旅行家徐霞客称叹"伊阙双峙，武夷九曲，俱不足比拟也。"

龙泉甘苦，即苦甜井。白云堂东侧，有一座玄武亭，亭内并列双井，一井井水如甘露，清凉爽口；另一井井水味苦涩，人不能饮，人称苦甜井。唐明皇亲手赐匾"龙泉观"，历代游客争先品尝龙泉圣水、恒山奇茶，求取吉利。

恒山苦甜井

云阁虹桥，即古栈道，位于金龙峡最窄处，是南北交通要道。古人在峡谷东崖绝壁间凿崖插木、飞架栈道，并建有一座连接东西的高空飞桥，合称云阁虹桥，民间传说是鲁班的妹妹一夜所建。崖壁上至今还残留着修栈道时的行行方窟。

古栈道

虎口悬松，即虎风口与悬根松。在步云路的石阶风口上，人到此处，清风飕飕，松涛阵阵，犹如虎啸龙吟，临风屹立着一株参天古松，即悬根松，根茎盘露，紧抱岩石，遮日留阴。相传外悬的松根是张果老拴在树上的神驴受惊而拔起的。

果老仙迹，即果老岭，位于悬根松北的登山途中，石径上陷有行行小圆坑，形似驴蹄印，据说是张果老在恒山修仙时倒跨驴留下的蹄印。

云路春晓，即步云路，从岳门湾至恒宗殿，称为十里步云路。旧时一里一亭，一步一松，亭亭不同，步步入云。沿路有大字湾、四大夫松等景观。

断崖啼鸟，即姑嫂崖，又称舍身崖，是位于夕阳岭中段极陡峭的一段山崖，传说因姑嫂投崖而得名，姑嫂投崖后，小姑化作百灵鸟，嫂子化作找姑鸟，在舍身崖上翩翩双飞。

危岩夕照，即夕阳岭，位于果老岭东侧，是一段插入云天的万仞绝壁，面西峭立，每当夕阳西下，"余晖反照千山色，满峪参差入画中"，奇光异景，令人神往。

金鸡报晓，即金鸡石，位于朝殿西古楼外，有一状如古磬的青石，以石相击，声振幽谷，如金鸡鸣叫，情趣绝妙。传说是黄山鸡吃了三茅真人失落的金丹而变成的。

恒山金鸡石

茅窟烟火，即三茅窟，位于白虚观紫微阁旁断崖上，是三茅真人修仙得道处。传说三茅窟有怪异现象，一窟点火，另两窟冒烟，两窟点火，另一窟冒烟，三窟同时点火，则三窟都不往外冒烟了，成了自然之谜。

弈台鸣琴，即琴棋台，位于会仙府西北处，有巨石迸裂，西南有条石缝，沿石缝而上，陡壁高处有一片风蚀岩石，台上刊棋一局，崖壁上是双钩书"琴棋台"三个字，此处传说是仙人对弈弄琴之所。

玉羊游云，即从朝殿瞭望东峰峭崖翠顶上，有白石累累如群羊吃草，在云雾的推动下，别生情趣，称为玉羊游云。

脂图文锦，即石脂图，位于主峰东崖上，由五色卵石天然结成，约四尺见方。每到中午，松荫翠柏映照图上，远望状如古碑剥落，中间的蝌蚪文又似锦绣画图，实为奇景一绝。

岳顶松风，即天峰岭，登上峰顶，极目不知千里远，举头唯见万山低，青岚缥缈，松涛贯耳，北国风光，气象万千，恒山风景尽收眼底。

幽窟飞石，即飞石窟，位于姑嫂崖北端，为一天然大石窟，窟内有寝宫、梳妆楼等。据《尚书》载：舜帝北巡，至恒山下，忽有一石从恒山飞来，坠于帝前，帝起名为"安王石"。5年后，帝又北巡至曲阳被大雪阻路，便望祀恒山，此灵石又飞到曲阳。

仙府醉月，即会仙府，传说是仙人聚会之地，位于朝殿西侧，为恒山最高的庙观。置身府院，如临仙境，夜宿仙府，依栏望月、饮酒作诗，颇有起坐出世之感。

紫峪云花，即紫芝峪，位于恒宗殿东侧，是一道草木丛生、曲折幽奇的沟峪。恒山旧志载，峪内长着灵芝仙草，为恒山的镇山宝草，状如云锦，有起死回生，益寿延年之功效。曾被明世宗皇帝采去12株。

石洞流云，即出云洞，位于紫芝峪东崖上，洞口上刻有"白云灵穴"四个字。传说此洞深不可测，下通地海龙宫，

白云灵穴

白龙公子掌管北国云雨，每逢降雨时，洞内便吐出团团白雾，霎时风雨来临，甘霖遍野。俗话说：恒山戴帽，大雨必到。就与此传说有关。

第二节 历史名人与恒山

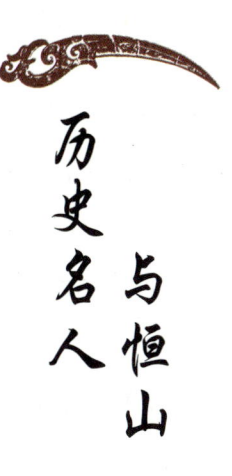

一、隋炀帝的恒山之难

隋炀帝杨广（569—618年），隋文帝之子，604年7月25日，杨广杀死文帝以及兄长杨勇后即位，是隋朝的第二任皇帝。

589年，年仅20岁的杨广被拜为隋朝兵马都讨大元帅，统领51万大军南下向陈朝发动进攻，并完成统一。隋军在杨广的指挥下，纪律严明、英勇善战，一举突破长江天堑。所到之处，所向披靡。而对百姓

隋炀帝

则秋毫无犯，对于陈朝库府资财一无所取。博得了人民广泛的赞扬，"天下皆称广以为贤"。

隋炀帝杨广不但是一个善于打仗的皇帝，而且还热衷游玩。为了自己游玩享乐，他开凿了大运河，大运河以洛阳为中心，北起北京，南至杭州，全长4000多千米，将钱塘江、长江、淮河、黄河、海河连接了起来。虽然杨广建大运河的目的是出于私欲，但是大运河的修建客观上起到了促进南北经济、文化交流的作用。

隋炀帝于615年秋天巡游塞北。一方面是向北方的民族炫耀自己的声威，另一方面也想领略一下北国风光，当然，北岳恒山不可不去。为此，隋炀帝先派齐王杨𣊵到恒山打前站。

当隋炀帝到达雁门关时，突厥族的始毕部落得知了他的行程。始毕首领亲率10万大军直扑雁门，向雁门发起猛攻。当时城中兵民加起来有15万人，虽然隋炀帝果断地命令拆民房，筑城墙，奋力抵抗，但是城门随时都有被攻破的危险。

始毕部落连攻雁门数日，没有攻破，便一边包围雁门，一边派兵攻打其他城池。雁门一带有41座城，没用几天的工夫，始毕部落就攻下了39座，只剩下了雁门与恒山脚下的浑源城。当时的浑源城叫作崞县。雁门此时已经处于孤立无援的地步，城中的粮食所剩无几，只能维持半个月左右，情况非常危急。

隋炀帝采纳了皇后的弟弟、内史侍郎萧瑀的建议，一边坚守阵地抗敌到底，一边派人出城速搬救兵。隋炀帝亲自上阵，鼓励士兵奋勇杀敌，同时许以重赏，颁布诏令：凡是守城有功者，没有官职的，直接任命六品官职，并赐钱财一宗；原来有官职的，若是立得战功，除了赐予钱财外，还连升两级，要求将士死守城池。

守城的士兵士气大振，全城百姓一同参战，昼夜不息。战斗很激烈，城中的士兵、百姓死伤无数。但仍在艰难地守卫城池。

数日后，大将军云定兴带兵至雁门一带。当时李世民跟随在云定兴的帐下，他给将军提建议说："现在军情危急，敌众我寡，难以取胜。始毕部落胆敢围攻皇帝，肯定是认为我们援兵在千里之外，难以增援。我们现在应该白天将旌旗摆开数十里，夜间就大声鸣锣鼓，虚张声势，这样才能把围军赶跑。"李世民的建议被云定兴将军采纳。

守在恒山的齐王杨暕见援军已到，就和云定兴的军队里应外合，趁机突围出城，去解救雁门之围。始毕部落见此势以为隋朝大军到来，便在一夜之间撤退回北方。

这样，隋炀帝在恒山被围困一个月的大难才得以解除。此时的隋炀帝早已无心再游览恒山了。

知识小百科

如何评价隋炀帝

隋炀帝"修通运河""西巡张掖""开创科举""开发西域""东征高丽"等，这些可以概括他一生所为。

隋炀帝失败的地方是用民过重、兵役过重，急功近利，太想建立伟业了。三征辽东不仅消耗了大量自己的主力军队，而且给人民带来了沉重的负担。不仅修建大运河伤民、伤财，损伤国体，而且一系列开疆拓土的战争也消耗了大量的人力、物力。隋炀帝因过分自信与轻敌，导致第一次征高丽的失败，并陷入战争泥潭。致使不满的士兵发动兵变。人民也为逃避沉重的负担纷纷起义造反，为大隋王朝的覆灭埋下了伏笔。

二、徐霞客的恒山行

徐霞客（1587—1641年），名弘祖，字振之，号霞客，南直隶江阴（今江苏省江阴市）人，是明代地理学家、旅行家和探险家。

徐霞客历经30年考察撰写成的260多万字的《徐霞客游记》（遗失达200多万字，只剩下60多万字），开辟了地理学上系统地观察自然、描述自然的新方向。《徐霞客游记》既是系统考察祖国地质地貌的地理名著，又是描绘华夏风景资源的旅游巨篇，还是文字优美的文学佳作，在国内外具有深远的影响。

徐霞客出身于江苏江阴一个有名的富庶之家。祖上都是读书人，称得上是书香门第。他的父亲徐有勉一生不愿为官，也不愿同权势交往，喜欢到处游览欣赏山水景观。徐霞客幼年受父亲影响，喜爱读历史、地理和探险、游记之类的书籍。这些书籍使他从小就热爱祖国的壮丽河山，立志要遍游名山大川。15岁那年，他参加过一次童子试，没有考取。父亲见儿子无意功名，也不再勉强，就鼓励他博览群书，做一个有学问的人。

在徐霞客19岁时，他的父亲去世了。他很想外出去寻访名山大川，

徐霞客雕塑

但是按照封建社会的道德规范"父母在,不远游",徐霞客因有老母在堂,留母亲孤身一人在家于心不忍,所以没有准备马上出游。他的母亲是个明白事理的女人,她鼓励儿子说:"身为男子汉大丈夫,应当志在四方。你出外游历去吧!到天地间去舒展胸怀,增长见识。怎么能因为我在,就留在家园,无所作为呢?"徐霞客听了这番话,非常激动,决心去远游。临行前,他头戴母亲为他做的远游冠,肩挑简单的行李,就离开了家乡。这一年,他22岁。从此,直到55岁逝世,他绝大部分时间都是在旅行考察中度过的。

徐霞客的一生,足迹遍及北京、天津、上海、山东、山西、江苏、河北、浙江、福建、广东、广西、江西、湖南、贵州、云南等19个省份,为后人留下了60余万字的游记。徐霞客写有名山游记17篇,其中较著名的有天台山、雁荡山、黄山、庐山等。北岳恒山的风光也吸引了徐霞客,

恒山霞客遗迹

在恒山也留有他的足迹。

明崇祯六年（1633年），46岁的徐霞客游历了浑源恒山，并写下了短小精悍、文字优美的《游恒山日记》。他在游恒山前，先游了龙山，从龙山的大云寺出发，向东走过10里，沿大路折向西北，直抵恒山山麓。这时他就看到了恒山山峰绵连、高耸巍峨的壮观景象。

徐霞客来到唐峪河边，放眼观看，见两岸悬崖如刀劈般矗立，直插云霄。中间似一道门户，唐峪河从中间淙淙流过。他继续前行，便来到悬空寺下。

对于悬空寺，徐霞客是这样描述的：

西崖之半，层楼高悬，曲榭斜倚，望之如蜃吐重台者，悬空寺也。五台北壑亦有悬空寺，拟此未能具体。仰之神飞，鼓勇独登。入则楼阁高下，槛路屈曲。崖既矗削，为天下巨观，而寺之点缀，兼能尽胜。依岩结构，而不为岩石累者，仅此。

离开了悬空寺，徐霞客来到北岳恒山的山门。在此未作停留继续登山。但是眼看山峰重叠于眼前，却一眼望不到山顶，而此时天色渐晚，他只好留宿一晚。

第二日，晴空万里，徐霞客继续登山。登至不远就发现坡上皆有煤炭，不用深挖就可看到。可见当时的恒山还是盛产煤矿的。

恒山风光

继续上行，山岩渐渐高起，古松森森，这便到了恒山的虎风口。过了虎风口，山路更加陡峭，穿过"朔方第一山"的牌坊，徐霞客拄杖拾级而上，一直登至悬崖下的飞石窟。接着他就开始向恒山的主峰天峰岭攀登。山路极为陡峭，荆棘丛生，徐霞客不得不脱掉衣服，一边折枝一边前行。经过努力，他终于登上峰顶。

这时空中红日高悬，举目远眺，浑源州城就在脚下，北方天际漫漫无边。目极四周，群山重重，景色壮观。徐霞客在日记中写道：

时日色澄丽，俯瞰山北，崩崖乱坠，杂树密翳。是山土山无树，石山则有；北向俱石，故树皆在北。浑源州城一方，即在山麓，北瞰隔山一重，苍茫无际；南惟龙泉，西惟五台，青青与此作伍；近则龙山西亘，支峰东连，若比肩连袂，下扼沙漠者。

徐霞客游记

在峰顶观赏多时，徐霞客才开始下山。他从悬崖的缝隙中小心翼翼地下山，又回到飞石窟经原路返回。

徐霞客在地理科学上的贡献很多，他对火山、温泉等地热现象都有考察研究，对气候的变化，对植物因地势高度不同而变化等自然现象，也作了认真的描述和考察。他还是世界上对石灰岩地貌进行科学考察的先驱。另外，他对农业、手工业、交通的状况，对各地的名胜古迹演变和少数民族的风土人情，也都有生动的描述和记载。他毕其一生所著的《徐霞客游记》一书，除了科学价值外，在文学上的价值也很高，篇篇都可以说是优美的散文。

徐霞客最后一次出游是在1636年，那时他已51岁了。这次他主要游历了我国的西南地区，一直到达中缅交界的腾越（今云南腾冲），至1640年重新返回家乡。他回乡不久就病倒了。他在病中还翻看自己收集的岩石标本。临死前，他手里还紧紧地握着考察中带回的两块石头。徐霞客热爱祖国、热爱科学，在科学事业上奋勇攀登的精神，是值得后人永远学习的。

三、李白游恒山

唐代诗人李白在中国享负盛名,有"诗仙"之称,是我国文学史上继屈原以后又一位伟大的浪漫主义诗人,著有《李太白全集》,与同时代的诗人杜甫合称"李杜"。

李白一生游历过祖国无数的名山大川,在五岳都留有他的足迹,当然,也包括雄伟秀丽的恒山。

据《恒山志》记载,唐开元二十三年(735年),35岁的"诗仙"李白曾游览恒山。在恒山脚下的金龙峡东崖,李白还挥毫题写了"壮观"二字。当年李白游览北岳恒山,游至悬空寺时,看见中间是一条深深的大峡谷,东西两边都是壁立万仞的山峰,悬空寺就悬挂于西侧的石壁之上,令人叹为观止。李白完全沉浸在眼前这奇特的景观中,禁不住手持巨笔,饱蘸香墨,挥写下"壮观"二字,后被人刻于石壁之上。但壮字多了一点,据说是李白觉得此二字仍不能体现自己激动的心情,

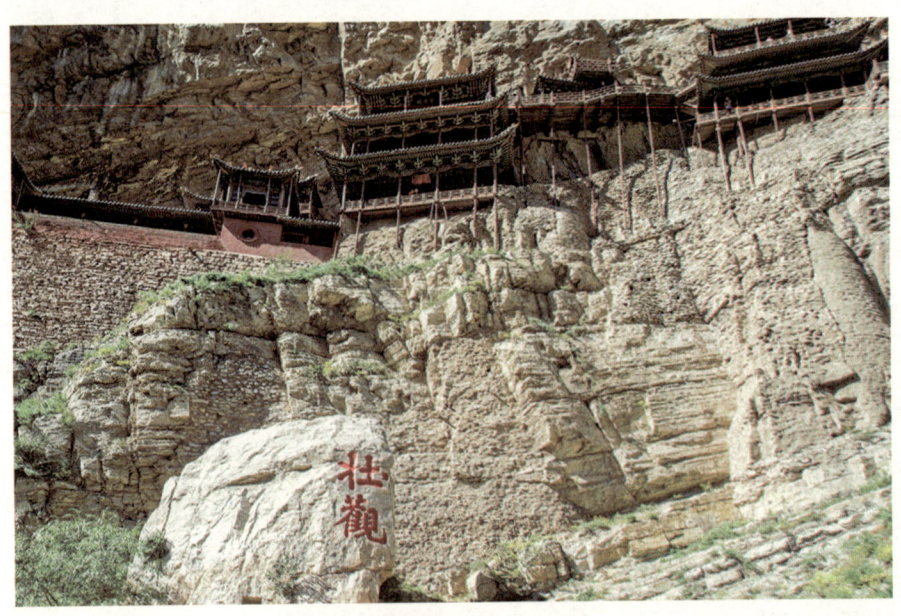

恒山悬空寺"壮观"石刻

便在"壮"上多加了一点。

因为有了李白的"壮观"两个大字,1474年,人们还在这幅巨大的"壮观"摩崖石刻旁边,建造了一座"太白祠"。太白祠和"壮观"摩崖刻字位于磁峡东崖上,正好与对面西崖上的悬空寺隔峡相望。

令人遗憾的是,李白所书"壮观"二字的石刻和太白祠,后来在风雨的侵袭下全部塌毁了。现在我们所看到的峡谷旁边的"壮观"二字是近代复制的。

第三节 恒山的传说

一、两座北岳恒山之说

现代人提起北岳恒山，必然是指山西浑源的恒山，但是在历史上很长一段时间内，曾经有两座北岳恒山。清顺治十七年（1660年）以前，北岳恒山祭祀之地有着河北曲阳和山西浑源之争。

随着我国不同朝代国都的变迁，在表述地理概念时对于北岳方位的史料记载上出现了数次改变。

北岳由于战争曾几度不属于中原政权管辖。汉宣帝神爵元年（前61年）颁发诏书，定祭祀北岳常山于上曲阳（此时因避汉文帝刘恒之讳，将恒山改称常山）。从此时开始，在河北曲阳北岳庙进行北岳的祭祀。但汉朝时的北疆屡遭匈奴侵扰，进行了拉锯战，恒山曾一度不在中原政权管辖之内。那时汉代帝王在恒山弯曲处建庙祭祀（称下庙或西庙）。唐代"安史之乱"后，河北为强藩所据，曲阳县隶属真定，不为唐政权所辖。五代十国时期，后晋皇帝石敬瑭为了夺取天下，与辽国达成协议，将河北、山西幽云十六州割让给辽国，并尊称辽国皇帝耶律德光为"父皇帝"，石敬瑭自称"儿皇帝"，以换取辽国出兵支援，此时的北岳恒山被划入了辽境。

恒山大殿

　　明代开始尤其是在明成祖建都北京后,在关于北岳恒山的祭祀地点问题上,朝廷开始了多次争论。明弘治六年(1493年)后,因"改都而改祀",明朝廷内对北岳改祀的争执开始激烈,对祭祀北岳恒山究竟要在哪里,朝中分为两个阵营各执一词。主张改祀到山西浑源的一派其理由主要有三个:其一,北岳恒山和祭祀北岳的地点应该在国都的北方,而当时祭祀北岳的恒山是河北的大茂山,祭祀地点在曲阳的北岳庙,均在国都之南,与京城(北京)方位不符;其二,改祀到山西的浑源,是因浑源县曾为恒阴县,为恒山的阴面。恒阳、恒阴"皆指恒山",浑源又比曲阳偏北;其三,交通不便及官宦个人的意愿等因素。

　　反对改祀到山西浑源的一派,主张仍在河北曲阳北岳庙祭祀,强调既然"恒阳、恒阴,皆指恒山",则不必改祀。他们运用大量"改都而不改岳"的历史事实,并引经据典地反驳改祀派,以维持几千年历代中原政权在河北祀岳的历史惯例。

　　祭祀北岳的地点在河北曲阳还是在山西浑源的争论一直延续,至明朝万历年间采取了折中的办法：将北岳主峰从河北的大茂山改为山西浑源的玄武峰，以示北岳为京都之北，但国家祭祀地点仍在河北曲阳的北岳庙。如此，当时的朝廷人为地制造了恒山两个主峰的尴尬局面，从而使恒山的历史中有了两个不同地域的北岳。

清顺治十七年（1660年），朝廷将北岳祭祀地点移到山西浑源，重新确定了浑源恒山的北岳地位。

二、飞石窟传奇

恒山飞石峰高处，有一个天然大石窟，这便是恒山十八景之首的"幽窟飞石"——飞石窟。关于这个飞石窟，历史上流传着一个"灵石东飞"的故事。

传说4000多年前，舜帝即位后，为了熟悉山川，了解民情，便立下了一个制度——"巡狩四方"，每5年巡狩一次。某年11月，舜帝北巡，来到恒山下，率众臣对恒山行叩拜之礼。刚刚礼毕，山上一声巨响，一块巨石从飞石窟破岳而飞，在舜帝面前坠落，舜帝认为这是吉祥之物，于是就把这块灵石命名为"安王石"。

过了5年，舜帝再次北巡，行至恒山东侧的河北省曲阳县时，被大雪阻住去路，人马无法前行，只能遥遥祭祀北岳恒山，不料这块安王石又飞到了曲阳。于是后人便在曲阳飞石上建了另一处北岳庙，还在庙里专门设了一座"飞石殿"。后来历代的许多帝王也都前往曲阳的北岳庙祭祀恒山。

这只不过是一个传说，可是恒山主峰上确实有一个巨大的天然崩石凹壑，东南西三面环壁，北面临崖，豁开若门，中间空地约有200平方米，似一所敞开的庭院。飞石窟中现在仍存的建筑有寝宫、梳妆台等。

飞石窟里的梳妆台，据说是为恒山掌管土地的女神后土夫人建的。

传说古时，美丽无比的后土夫人每天清晨都要披着满身霞光走进飞石窟，在梳妆台前对镜梳妆。

据史书记载，寝宫始建于北魏太武帝太延元年（435年），后来经历了多次毁坏，现在的寝宫是明朝兴武年间（1368年）重建的。本来它是恒山的旧主庙，即北岳正殿，也是恒山最早的古建筑，后来有了新主庙，于是在明弘治十四年（1501年）改为寝宫。寝宫背靠山岩，属于重檐歇山式建筑，宽三楹。

在寝宫南侧耳殿中，有一个洞，名为还元洞，洞深不可测，古时传说此洞可以一直通至河北的曲阳，还元洞洞口处寒风凛凛，冻彻心骨，一直以来无人敢去探其真假。洞口旁边还有一座神像，如同洞穴的守护神。

关于洞口的神像也有一个传说。传说很久以前有一个卖货郎，在卖货时看见一群孩子在玩弄一条小蛇，小蛇已经奄奄一息，濒临死亡。货郎同情小蛇，便将它买下，养了起来。过了一段时间，小蛇长大了，货郎就把它放归了恒山，这蛇就住在还元洞里。

许多年后，小蛇长成了大蛇，经常伤害人命。货郎听说后，心里很着急和不安，他便来到恒山，守在还元洞洞口，告诫大蛇不要伤人。那个大蛇知道它的恩人来了，或是出于惧怕，抑或是改邪归正了，之后就再也没有出来。而那个货郎却一直在洞口长年累月地守候，后来就化成了一座石像。

飞石窟内三面的石壁上，留下了历代游人的石刻，其中有明朝御史王献臣题写的"千岩竞秀，石壑争流"8个大字，字体潇洒奔放，引得无数游人在此留恋欣赏。

恒山石刻

三、鲁班与张果老

在很久很久以前,鲁班因修河北赵州桥和张果老有一段恩怨。鲁班一夜间修起了赵州大石桥,轰动了远近各州府县。张果老当时正在恒山修道,听说此事后,就想去凑个热闹,一来看看鲁班是何许人也,二来想试试这座石桥坚固与否。于是,他就牵上他的乌云盖顶小毛驴,褡裢里左边装上太阳,右边装上月亮,邀上柴荣,推着独轮车,车上载了恒山、泰山、华山、衡山四大名山,游游荡荡到了赵州桥边,问:"这桥能吃得住我们这小车和驴吧?"鲁班说:"大车、大马尽管过,还在乎这小车和驴?"张果老和柴荣赶驴推车就上了桥,他们一上桥,石桥就直摇晃,眼看就要塌了,鲁班一看不好,就赶快下桥用手托住,桥是保住了,但却向西扭出一丈多远。张果老过了桥,回头看看鲁班说:"可惜了你这双眼睛哟!"鲁班觉得有眼不识泰山,越想越惭愧,便把自己一只眼睛挖了出来,放在桥边走了。后来马王爷从赵州桥路过,把这

恒山道观

只眼睛拾起来，安在了自己额上，以后马王爷就成了三只眼。鲁班是木匠的祖师，现在木匠吊线时都用一只眼，据传也是由此而来。

张果老回到恒山后，很是不安，一句话说得使鲁班挖了一只眼，玩笑开大了，心里过意不去，他就邀请鲁班来恒山一游，以补偿自己的过失。鲁班接到邀请以后，心中大喜，能和名震四海的张果老一叙，是求之不得的事啊，他就带上小妹鲁姜一起来了恒山。张果老热情地接待了鲁班兄妹二人，带领他们遍游了恒山美景，不觉半月有余，二人想辞别张果老返乡，张果老婉言相留，说："还有个地方没去，我们应该去尽兴一游。"他们三人来到了金龙峡谷，此时正值暑夏，突然大雨倾盆，山洪暴发，眼看磁峡紫气升腾，山腰似有琼楼仙阁，只是洪水阻隔，不得近前。张果老趁机说："此处要有一座小桥就好了"！鲁姜一听说"桥"，立即来了兴趣，她说："倘若不弃，就让我来造一座桥吧。"此话正中张果老下怀，赶紧说："小妹能造桥，求之不得，只是人手太少，怕一时难以完工。"鲁姜自小争强好胜，生怕别人看不起自己，生气地说："一座小桥，何用他人，我一人就够了！"鲁班一听小妹口气如此之大，又把自己排除在外，很动气地说："你若一人造桥，我就另盖一处殿阁，咱们比比，看谁起得快。"小妹不服气地说："我架桥是空中作业，你是平地盖房，你占便宜，这种比赛不公平。"鲁班说："你在空中架桥，我在空中盖楼，这不就公平了吗？"于是兄妹二人击掌打赌，约定一夜间完工，到鸡鸣时请张果老验收。兄妹二人说干就干，没等雨停水退就忙活开了。鲁班依照在烟雨中隐约可见的仙阁轮廓，很快就完成了主体工程，不想鲁姜的速度更快，子时刚过，一座横跨东西二峰的拱形桥就完工了，并命名为"云阁虹桥"。鲁姜建好桥后，脚踏桥头，烟云缭绕，不觉心旷神怡，意气风发，就学着鸡叫，放开嗓子大叫了三声。这一叫不要紧，引起附近唐家庄村的鸡都叫了起来。鲁班一听鸡叫了，主楼虽已成形，但南北展翅的配殿还未动工，忙乱中只好压缩工程规模，将南北配殿紧缩为小阁楼，并命名为"玄空阁"。后因时世变迁和其建筑特征，于北魏孝文帝时将玄空阁改名为"悬空寺"。从此也留下了一个怪现象，金龙峡峡谷附近村庄的鸡比城里的鸡早鸣一个时辰。传说只是传说，但自古以来，人们都认为"悬空寺乃神为之也！"当您登上悬空栈道时，悬崖上"公输天巧"4个字也直接做出了佐证。"公输"乃鲁班之姓，鲁班是春秋时鲁国人，复姓公输，名"般"，因是鲁国人，后人就称其为鲁班。

恒山悬空寺廊道

第四节 恒山的历史文化古迹

北岳恒山是重要的道教发祥地之一，是道教的"第五小洞天"。早在汉代，恒山就建有寺庙，辽金时期，恒山已是著名的风景旅游胜地，留下恒麓书院、摩崖石

恒山摩崖石刻

刻和楹联碑碣等。因为恒山山体高大，故建筑多依悬崖峭壁或开凿石窟而建，形成了独特的悬、奇、险、隐的建筑风格。到清乾隆年间已建寺庙60多处，有"一里一亭，一步一松，三寺四祠七亭阁，九宫八洞十五庙"之说。现存的文物古迹及祭祀庙宇有20多座。尤其是建在金龙峡峭壁上的悬空寺，集美学、力学和宗教于一体，在中国古代建筑史上占有重要的地位。

恒山历代珍藏御碑 　　　　　　　恒山真武庙寺院

一、建筑奇观——悬空寺

悬空寺，位于山西省大同市浑源县城南3.5公里处，始建于北魏后期（491年），距今已有1500多年。整个建筑建在恒山金龙峡翠屏峰的悬崖峭壁间，上载危岩，下临深谷，凌空危挂，

恒山悬空寺

悬于绝壁。其"奇、悬、巧"的建筑特色和佛、道、儒三教合一的宗教特色在世界东方独树一帜，蜚声中外，被誉为"世界一绝""东方瑰宝"。

始建初期，该寺最高处的三教殿距离地面90米，因历年河床淤积，现仅剩58米。全寺为木质框架式结构，依照力学原理，半插横梁为基，巧借岩石暗托，梁柱上下一体，廊栏左右紧联。占地仅152.5平方米的面积，建有大小房舍40间。悬空寺的总体布局以寺院、禅房、佛堂为主，包括三佛殿、太乙殿、关帝庙、鼓楼、钟楼、伽蓝殿、送子观音殿、地藏王菩萨殿、千手观音殿、释迦殿、雷音殿、三官殿、纯阳宫、栈道、三教殿、五佛殿等。

恒山悬空寺

悬空寺不仅外貌惊险、奇特、壮观，建筑构造也颇具特色，形式丰富多彩，屋檐有单檐、重檐、三层檐，结构有抬梁结构、平顶结构、斗拱结构，屋顶有正脊、垂脊、戗脊、角脊。总体外观重重叠叠，造成一种窟中有楼、楼中有穴，半壁楼殿半壁窟，窟连殿、殿连楼的独特风格，它既融合了我国园林建筑艺术，又不失我国传统建筑的格局。

悬空寺，不仅以它建筑的惊险奇巧著称于世，更以其地处边塞民族融合之地，成为历代战争金戈铁马驰骋的战场，历时1500多年竟然得以保存完好，堪称奇迹中的奇迹。因为悬空寺三教合一，所以历代统治者都对其进行了保护。在悬空寺千手观音殿下的石壁上，嵌着两块金代的石碑，距今已有800多年历史。碑文中赞颂了三教创始人各自不同的出身和伟大的业绩。后人据此碑认为，悬空寺是从金代开始由单一的佛陀世界变成了三教合一的寺庙。对悬空寺而言，虽然其名为"寺"，却佛、道、儒三教合一。据相关记载，该寺明代以前住的是僧人，明、清两代时而住僧人时而住道人，清末以后到20世纪60年代前住的是道人，以后又一直是僧人住在此地。

从自然条件来看，优越的地理位置也是悬空寺能保存完好的重要

恒山悬空寺

原因。悬空寺地处深山峡谷的一个小盆地内,整体悬挂于石崖中间,石崖顶峰突出部分好像一把伞,使古寺免受雨水冲刷。山下的洪水泛滥时,也免于被淹。四周的大山也减少了阳光的照射时间。由此,悬空寺也得以长久保存。

悬空寺亦是历代文人墨客的向往之处,古代诗人形象地赞叹它:"飞阁丹崖上,白云几度封,蜃楼疑海上,鸟到没云中。"735年,诗仙李白游览后,在岩壁上写下了"壮观"两个大字,但仍觉得不能体现自己激动的心情,便在"壮"上多加了一点。明崇祯六年,徐霞客游历到此,称之为"天下巨观"。

1957年,悬空寺被列入山西省重点文物保护单位,1982年,被列入全国重点文物保护单位。

2010年12月,《时代周刊》杂志历数世界上看似岌岌可危的奇险建筑,悬空寺与全球倾斜度最大的人工建筑——阿联酋首都阿布扎比市的"首都之门"、希腊米特奥拉修道院、意大利比萨斜塔等国际知名建筑共同列入"全球十大最奇险建筑"中,由此再次引起了国内外的广泛关注。

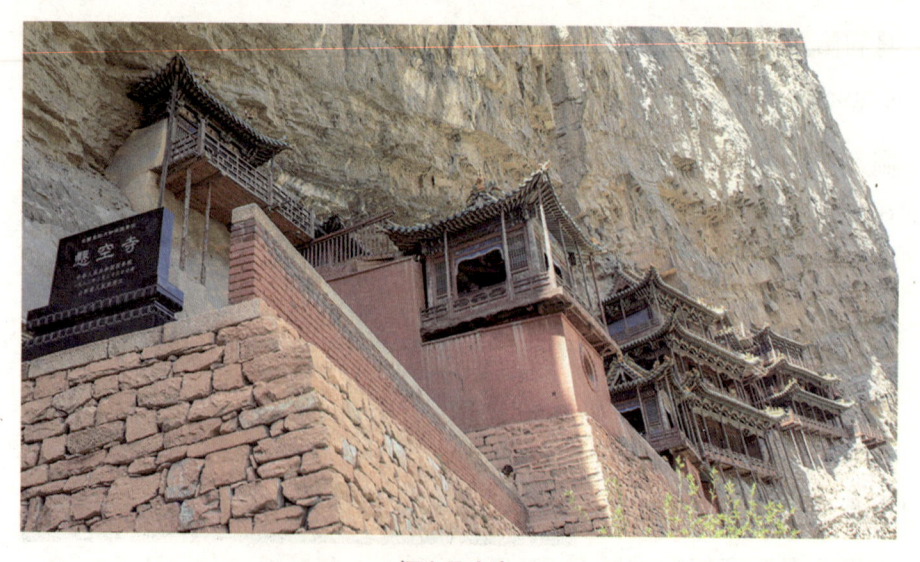

恒山悬空寺

> **知识小百科**
>
> **中国有多少悬空寺？**
>
> 　　中国共有9座悬空寺，北方有7座，南方有2座。北方的7座分别是山西恒山悬空寺、山西宁武小悬空寺、山西广灵小悬空寺、山西神池辘轳窑沟悬空寺、河北苍岩山悬空寺、河南淇县朝阳悬空寺、青海西宁悬空寺。南方的2座分别是浙江大慈岩江南悬空寺和云南西山悬空寺。值得注意的是，北方仅山西就有4座悬空寺。

二、其他寺庙

　　虽然北岳之名不再，但是在历史上很长一段时间里，河北曲阳作为恒山的祭祀地点，保存了很多的历史遗迹。曲阳的恒山通称大茂山，海拔1898米，位于河北省唐县、涞源、阜平等县交界处，山上林密草丰，响泉飞瀑，林涛云海，翠峰耸立，现在也是风景名胜区。位于今河北省曲阳县城西南的修德寺，曾出土石造像2200余件，绝大部分是白石造像，是目前国内出土数量最多、时间延续较长的一批佛教造像，对研究佛教发展史有重要的意义。而北岳庙位于曲阳城西，现存主要建筑为元代遗物，有御香亭、凌霄门、三山门、飞石殿（遗址）和德宁之殿等，庙内石碑林立，现存北魏至明清碑共计137座，其中《大魏王府君碑》收录于康有为编纂的《广艺舟双楫》中，被称为"神品"。

第六章

中岳嵩山

第一节 嵩山的自然地理状况

一、嵩山的自然景观

中岳嵩山北依黄河，南临颖水（今称颖河），主体在今河南省登封县境内，东邻省会郑州，西邻九朝古都洛阳。嵩山古称外方山，周平

嵩山自然风光

王东迁洛阳以后，以左岱（泰山）、右华（华山），嵩山位于中央，认为其为天地之中，故定嵩山为中岳。武则天天册万岁元年（695年）封禅嵩山时，改中岳为神岳。北宋以后，又改回中岳嵩山。

嵩山主要由太室山、少室山两山组成，山体从东至西横卧，蜿蜒60千米。嵩山之顶名为峻极，海拔1512米，占有"嵩高峻极"和"峻极于天"之说，站在峰顶远眺，北可望黄河之雄，南可及山川之秀。

中岳嵩山，群峰挺拔，气势磅礴，景象万千，有峰、谷、涧、瀑、泉、林等自然景观构成的中岳二十景，如嵩门待月、箕阴避暑、石淙会饮等，这些自然景观或雄壮魁伟、秀逸诱人，或飞瀑腾空、层峦叠嶂、多姿多彩。嵩山林木葱郁，一年四季迎送风霜雨雪，生机盎然。峻极峰上松林苍翠，山风吹来，其声响轻时如流水潺潺、猛时似波涛怒吼，韵味无穷。

嵩山三皇寨瀑布

少室山山势陡峭险峻，奇峰异观比比皆是。少室山以峰奇、路险、石怪、景秀而闻名天下。山中群峰争雄，千奇百异，有的拔地而起，有的逶迤连绵，有的像猛虎蹲坐，有的似雄狮起舞，有的若巨龙睡眠，有的如乌龟爬行，峰峦参差、峡谷纵横，3000米栈道在山腰中穿梭，宛若丝带逶迤在崇山峻岭中。

从山南北望，一组山峰互相叠压，状如千叶莲，从唐代起就有"少

嵩山峭壁

室若莲"之说，故命名为"九顶莲花山"。少室山的南面，山形很像古人戴的忠靖冠，所以宋代又有"冠子山"之名。

少室山东侧山峰参差错落，人们依其山形，命名为"石榴嘴"。站在少林寺南望，少室山堑然若屏。高峰之下自西向东并列着5座小峰，人们依其形态，称之为棋、鼓、剑、印、钟。在剑峰西侧，有一巨石如削，雨过天晴之际，光洁耀目，好似白雪，遥望此景引人入胜，称为"少室晴雪"。

少室山东侧有一道盘绕弯曲的峡谷，名为"玉皇沟"。峡谷的东口叫作"吸风口"，峡窄谷深，人行其间，时感吸风拔气，令人望而生畏。峡谷的西口叫作小寨口，可直通山顶大寨东天门。东天门下面有条东门壕，当地称为"响潭沟"。响潭沟壁如刀削，沟宽不过10多米，深却有数百丈，谷内经常云雾弥漫，白云在峡谷中奔腾翻滚，如风浪呼啸，一直奔腾至谷外，当地人称其为"喷雾口"。峡谷中心，有一块巨石状如猴子，飘浮云上，若隐若现、惟妙惟肖，名为"猴子观云海"。此处风景尤其宜人,下看云雾缭绕,上看一线天,老虎嘴、擎天柱等怪石林立。山顶有个三皇寨,寨中有一座盘古洞,供奉着中华民族的三位先祖——黄帝轩辕氏、伏羲氏和炎帝神农氏。寨顶上边,还有5平方千米绝少有人涉足的原始森林,林茂花繁,山泉潺潺。

知识小百科

嵩山"卢崖瀑布"

传说,唐玄宗开元年间,有个叫卢鸿一的人辞官隐居在嵩山悬练峰下,修建了一座宅院"卢鸿草堂",广招天下才子,培育建国栋梁。就在四方学子云集悬练峰下时,中原大地连年无雨,五谷绝收。卢鸿一看到百姓的疾苦,便到山上寻水,在风门口处发现了水源,于是带领数百名学生和百姓上山劈山引水。劈了81天后,风门口被劈成两半,8个峰谷的泉水汇在一起,形成一股巨大的清流,闯出风门口,跌下万丈崖去。卢鸿一死后,人们为了纪念他,称此水为"卢崖瀑布",改"卢鸿草堂"为"卢崖寺"。

嵩山卢崖瀑布

二、世界地质公园

今天的中岳嵩山东西横亘60余千米，气势磅礴。在23亿年前，当中国大部分地区还沉浸在浩瀚的汪洋大海深处时，嵩山便已横空出世，巍然耸立。

5.7亿年前，当嵩山最后一次升出海面，雄姿矗立时，喜马拉雅山和秦岭都还在海底沉睡。嵩山有些岩石的岩龄已经有36亿年，无愧于"地球上的老寿星"这一赞誉，嵩山堪称"万山之祖"。

嵩山是横跨太古代、元古代、古生代、中生代和新生代的名山。我们可以通过嵩山探索华北古陆地30多亿年的沧桑变化：太古代的岩浆侵入，元古代的地壳运动，古生代的海进、海退，中生代的滑动构造，新生代的山岳冰川。险峻壮美的嵩山因岩龄古老和发育完全、出露完整、类型齐全的独特地层构造而被冠以"天然地质博物馆""地学百科全书""五世同堂的地质史记"的称号。

嵩山构成了自然景观与人文景观的完美融合，其地层构造在全球有

嵩山自然风光

在嵩山中岳庙天中阁远望山峰风光

重要的地学对比意义。嵩山地区发育着集典型、稀有、系统性于一身且不可再生的珍贵地质遗迹,是研究地壳演化规律、追溯地球演化历史的理想场所。在不到400平方千米的区域内,嵩山地区连续、完整地显露着不同地质时期的沉积和构造,清晰地保存着发生在距今23亿年的嵩阳运动、距今18亿年的中岳运动、距今5.7亿年的少林运动这3次全球性前寒武纪造山、造陆运动所形成的不整合接触界面及构造形态遗迹。因此,嵩山以其丰富的地质文化内涵受到世人的青睐。

嵩山山系中最古老的岩石是太古代花岗绿岩系,它是距今36亿—23亿年由海底基性岩浆喷发和酸性岩浆侵入而形成的火山岩和侵入岩,后经地壳运动的应力作用和温压效应,使其褶皱造山、变质变形的片麻岩。地质学家把嵩山地区不同类型的片麻岩总称为登封群。

距今23亿—18亿年古元古代滨海、浅海沉积物变质而成的石英岩、片麻岩和白云岩等,地质学家总称为嵩山群。

距今18亿—10亿年中元古代滨海、浅海沉积的砾岩、石英岩状砂岩、泥岩、页岩、白云岩等,地质学家称其为马鞍山群和五佛山群。

嵩山岩石

　　距今23亿年前后，嵩山地区发生了被称为"嵩阳运动"的剧烈地壳运动。嵩阳运动是指太古代登封群片麻岩与元古代嵩山群之间不整合界面所代表的一次造山运动。

　　嵩阳运动的结果使海底沉积的花岗绿岩系受到近南北向的应力作用、温压效应而发生褶皱隆起，慢慢露出海面，形成山脉，这是嵩山首次露出峥嵘。后来经过长期风化剥蚀，嵩山渐渐被夷平了，加上地壳不断下降，嵩山又被淹没在海水之下，形成滨海和浅海环境，接受了被称作嵩山群的碎屑物质、泥质及钙镁等物质的沉积。

　　距今18亿年前后，嵩山地区发生了被称为中岳运动的全球性地壳运动。中岳运动是指发生在中元古代和古元古代之间嵩山地区五佛山群与嵩山群不整合界面所代表的一次褶皱造山运动。中岳运动期间，来自东西方向的应力作用和温压效应使海底的碎屑岩——碳酸岩地层慢慢隆起成山，露出海面，嵩山第二次屹立于中华大地。中岳运动是嵩山地区地质发展演化史中最重要的构造事件，它形成了区内统一的基底，是基底演化阶段结束、沉积盖层演化阶段开始的标志，它还标志着华北大陆的形成。

中岳运动后，嵩山再次慢慢风化、剥蚀、夷平、下降，逐渐被海水吞噬，形成滨海、浅海等环境，先后沉积了被称作马鞍山群、五佛山群和罗圈冰碛层的地层层序。

距今 5.7 亿年前后，嵩山地区又发生了被称为少林运动的地壳运动。少林运动指嵩山地区寒武系关口砂砾岩与五佛山群之间的不整合界面所代表的褶皱造山运动。少林运动使嵩山一带大范围地升出海面，形成了现在的嵩山山系，后来虽然发生了古生代广泛的海侵，但嵩山山系的主要山峰始终未被海水淹没。

少林运动结束了地质史上的元古代，进入了古生代。这次运动的证据在少林寺南面的山坡上清晰可见。少林寺的位置正好在这段地质

嵩山地貌

史的分界线上，少林寺前面是元古代地层，后面是寒武纪地层。从寒武纪到奥陶纪，嵩山地区大部分仍然被海水覆盖，又经过了2亿年，这里的地壳最终上升到海平面以上，嵩山从此昂首屹立于天地间。

　　三叠纪发生了一次延续时间很长的地壳运动，被称为燕山运动，我国的很多山脉都是在这次运动中形成了现在的基本格局。嵩山这次受到南北方向力量的挤推，形成了东西方向的主轴，又因受力部位不均匀，一方面形成了嵩山南北两侧的东西方向大断层，形成了壁立千仞的悬崖峭壁，使得嵩山挺拔峻峭；另一方面出现了两组剪切断裂，沿着东西方向的大断层，太室山相对少室山北移，五指岭又相对太室山北移，形成了现在嵩山的基本山势和地貌。

　　古老、悠久的嵩山，其诞生、演化就是中原大地沧桑变迁的见证。正因其独特的地质构造和珍稀的地质遗迹，嵩山于2001年4月被批准为国家地质公园，2004年2月13日，被联合国教科文组织（UNESCO）评为首批世界地质公园。

中国嵩山世界地质公园

第二节 历史名人与嵩山

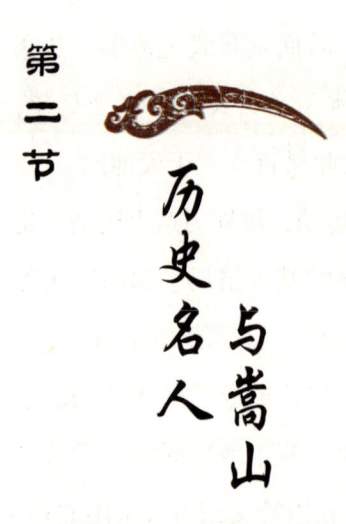

距今4000年到3000年，嵩山地区是夏、商、周三代立国的中心，禹都阳城，启都阳翟、斟寻，汤都西亳，商都郑州、东都洛邑，无不环嵩山而立，一举奠定了嵩山在中国文化史上的不可取代的中心地位。周武王灭纣后，在太室山祭天，这是中国历史上第一次有文字记载的封禅活动。历代帝王不断游历嵩山，留下了不少佳话，汉武帝、唐高宗、武则天，以及清乾隆皇帝都曾到过嵩山。

> **知识小百科**
>
> **汉武帝祭祀中岳留下的成语典故**
>
> 公元前110年，汉武帝礼登嵩山，拜谒启母石后，率众自东边登上一座山峰，听到大呼"万岁"之声时，问上上不言，问下下不语，有大臣就献媚恭维道："这是中岳山神在迎接您。"汉武帝听后龙心大

悦，于是就命名这座山峰为"万岁峰"，并在峰上建"万岁亭"，在峰下建"万岁观"。同时，命令祠官大规模增建祭祀中岳山神的太室祠，并划山下300户居民设立崇高县，免除一切赋税、徭役，专门奉命祭祀岳神。从此，"山呼万岁"就成为一个成语沿用了几千年。

一、武则天封禅

武则天（624—705年），中国历史上唯一一个正统的女皇帝，也是即位时年龄最大的皇帝（67岁即位），又是寿命最长的皇帝之一（终年82岁）。唐高宗时她为皇后，唐中宗和唐睿宗时她为皇太后。后来自立为武周皇帝，690—705年在位。改国号"唐"为"周"，定都洛阳，史称"武周"或"南周"。

武则天作为中国历史上唯一的女皇帝，是一位杰出的政治家。一生崇拜秦始皇、汉武帝，因此，她在称帝后的第六年，即696年，就效仿秦皇汉武封禅名山，举行了史无前例的女皇封禅仪式。但是她封禅与别的帝王不同之处在于，其他帝王封禅都是在泰山。而武则天选择了中岳嵩山。

武则天嵩山封禅

武则天登封嵩山之前，命人在登封县境内建造了登封坛、封祀坛、朝觐坛。登封坛建于太室山主峰之上，武则天就在这里举行了封禅大典。

知识小百科

如何评价武则天?

史称武则天当政时期为"贞观遗风"。武则天对历史做出过巨大的贡献。

第一是打击了保守的门阀贵族,把反对她做皇后的长孙无忌、褚遂良等人一个一个地都赶出了朝廷,把他们赶出政治舞台标志着关陇贵族从北周以来长达1个多世纪统治的终结,也为社会进步和经济发展创造了一个良好的条件。

第二是促进了经济的发展。武则天统治时期社会安定,农业、手工业和商业都有了长足的发展,人口也由唐高宗初年的380万户增加到615万户,平均每年增长9.1%。这在古代,是一个很高的增长率,也是反映武则天时期唐代经济发展的客观数据。

第三是稳定了边疆形势。恢复了安西四镇,打退了突厥、契丹的进攻,同时在边地设立军镇,常驻军队,并把唐高宗末年在青海屯田的做法推广到现甘肃张掖、武威、内蒙古五原和新疆吉木萨尔一带。并注重以温和的民族政策,接纳多元文化的发展。

第四是推动了文化的发展,善于发现、运用人才,促进了科举制的发展。

武则天也有不少消极的行为。她信崇佛教,建寺院、筑明堂、造天枢、铸九鼎,浪费了大量的人力、物力、财力。在打击政敌的过程中也不免滥杀无辜。

696年,女皇武则天率领群臣浩浩荡荡来到嵩山,登上嵩山最高峰峻极峰祭祀上天,又在少室山下举行禅祭地祇,完成了自己的封禅中岳意愿。她感到自己登嵩山封中岳大功告成，就下诏改嵩阳县为登封县，改阳城县为告成县。后来人们就用"大功告成"来指巨大工程或重要任务宣告完成。

为了纪念这次封禅大典，武则天命人在峻极峰峰顶竖立了《大周升中述志》碑，由武则天亲自撰文，李旦亲书；碑文的内容是对武则天歌功颂德。此碑高大雄伟，傲立于嵩山顶峰。北宋末年（1113年），河南尹借故奏请朝廷，将碑予以碎毁。残破碑石被运至山北沟中。

嵩山峻极峰

现在仍然存在的封祀坛，坐落于登封县城西万羊岗上。现在坛址面积约为1000平方米，高10余米，上圆而下方，以象征天地。坛内用青石砌成门状，至今仍然非常坚固。《大周封祀坛》碑仍在，上面的字迹依然清晰可辨。

后来武则天又多次来到嵩山，留下了不少遗迹。705年，82岁的武则天病逝，结束了中国第一位女皇帝的统治，他的儿子李显再次即位，仍称睿宗，恢复了国号唐。

二、楚汉争霸的战场

秦朝灭亡后，项羽佯尊楚怀王为义帝，并自立为西楚霸王，分封18诸侯王，封刘邦为汉王。刘邦和项羽争夺天下政权，在中原一带打了百余次战役，留下了鸿门宴、霸王别姬、十面埋伏等很多广为流传的故事。

在广袤的中原大地上，无处不是楚汉争霸的战场，其中在嵩山东北、河南省荥阳市的广武山顶，也留有当时楚汉战争的遗迹。

在广武山，有两座古代军垒遗址至今还矗立于一条鸿沟的东西两侧。这条鸿沟，叫作广武涧，也就是中国象棋棋盘上的"楚河汉界"，该涧南北走向，宽800米，深200米。涧内有鸿沟村。相传刘邦东进伐楚，在鸿沟西边屯兵筑城，人称汉王城。东边有楚霸王所筑的霸王城，与汉王城遥相呼应。

中国象棋棋盘的楚河汉界

汉王城和霸王城，由于黄河的长期冲刷，已经失去了原貌。现在残存的汉王城东西长350米，南北长190米，墙宽30米，高约6米，最高处约10米。霸王城由黄土逐层夯实而建。汉王城西有另一处夯土城，传为张良所住的"子房城"。此处群山巍峨，地势险要，北部有黄河天险，南部有巨峰屏障，确实是兵家必争之地。因此，刘邦、项羽都了解此地的战略意义，势必要在此地拼个你死我活。

回顾楚汉战争，当两军战至嵩山一带时，尚未有胜负之分。在广武山，项羽占据着鸿沟的东面，刘邦在西面。鸿沟不过百余米，双方可谓近在咫尺，但是因为沟深垒高，双方都无法攻破对方城池。楚、汉两军由此对峙半年有余。楚军粮食难以供应，项羽急于与刘邦一决雌雄。

为了让刘邦屈服,项羽以刘邦的父亲太公和其妻吕后作为要挟,可是刘邦不以为动,项羽要与刘邦单打独斗,也被刘邦拒绝。

恰逢韩信在齐地大败楚军,楚军的运粮道路也被彭越截断,粮草越来越少。汉王刘邦趁项羽正在为难的时机,派人与项羽讲和,要求放回太公和吕后,建议楚汉以广武山下的鸿沟为界,鸿沟以东归楚,鸿沟以西归汉。

知识小百科

刘邦与项羽争天下,为什么项羽失败了?

刘邦能够海纳百川,知人善任,肯听取意见。并且善于笼络、利用诸侯以及手下将领。

项羽不会知人善任,不信任手下,不爱听意见,又吝于封赐,不会识别和笼络人才,以致韩信、陈平、英布等先后归汉。他不善于团结、利用反汉同盟,致使魏王豹、代相夏说、赵王歇与楚各自为战,魏、代、赵国相继灭亡。而且项羽刚愎自用、优柔寡断,不会抓准时机。他又嗜杀残暴,坑杀20万秦兵、屠掠咸阳、弑杀义帝,大失人心。另外,他分封不公,导致诸侯叛乱,疲于应付。导致最后失败。

项羽同意了这个建议,就放了太公和吕后,接着带领自己的人马回了彭城。其实,刘邦此次讲和不过是缓兵之计。他采用了张良、陈平的计策,不到两个月便组织了韩信、彭越、英布三路人马,由韩信统领,追击项羽。于是楚、汉双方展开了最后的决战。

刘邦一直打到乌江岸边。项羽有心过江,又觉得愧对江东父老。最后无路可走，只得凄别虞姬，在江边自刎而死。刘邦最终夺得天下，建立汉朝。

如今，曾经经历兵戈铁马的汉王城和霸王城，已经变成了汉王城村和霸王城村两个村落。

第三节 嵩山的历史文化古迹

佛教相传于公元前6世纪—前5世纪为古印度的迦毗罗卫国（今尼泊尔境内）王子所创，他的名字是乔达摩·悉达多。因为他属于释迦族，

少林寺西方圣人殿

人们又称他为释迦牟尼，意思是释迦族的圣人。佛教广泛流传于亚洲的许多国家，东汉时自西向东传入我国。

嵩山是佛教名山，自古就被称为中国佛教的释源、祖庭，佛教文化丰富且灿烂。我国历史上最早的佛教寺院——白马寺、慈云寺、法王寺，都位于嵩山的周围，都创建于东汉，是汉朝为了接待印度僧人来此译经传教而建造的。白马寺在嵩山以西，慈云寺在嵩山以北，法王寺在嵩山以南。

北魏孝文帝元宏敕建少林寺，印度僧人跋陀在此落迹传教。由于印度高僧菩提达摩在这里首传禅宗，后来禅宗发展成佛教中的重要宗派，所以，少林寺被称为禅宗祖庭。禅宗祖师达摩在传教过程中留下了"一苇渡江""面壁九年"等故事，确立了"明心见性，一切皆空"的修道禅法。

嵩山"天下第一祖庭"牌匾

据说佛教在印度传至第二十八代的时候，其祖师就是达摩。527年，达摩辞别了印度国王，乘坐一只商船，东游到我国。

中国当时的梁武帝得知从印度来了一位高僧，立即派人到南海把达摩接到金陵（今南京）。可惜，两人此次见面话不投机，达摩辞别了梁武帝，继续北上。达摩走后，梁武帝将他们之间的谈话告诉了他的师父志公禅师。志公禅师一听，认为达摩是世外高人。梁武帝

达摩雕塑

懊悔不已，立即派人去追赶达摩。

达摩此时已经来到江边，回头看到身后有千军万马追来，他不知是何原因，便随手扯了一根芦苇，投入江中，脚踏芦苇飞速渡江而去。这便是达摩大师一苇渡江的故事。

达摩从洛阳来到少林寺，他在这里开创了新的佛教流派——禅宗。禅宗和当时在我国北方流传的别的佛教流派相比，有其独特之处，宣扬只要面壁静坐，心无杂念，便可以修心成佛。在理论上，达摩依据的是大乘空宗，所以，少林寺山门的石坊题额至今仍留有"大乘圣地"四个字。

达摩在少林寺除了传教就是面壁，一直长达九年。因此，后人用一副对联赞达摩大师：

一苇渡江何处去，

九年面壁待人来。

在少林寺西北约3千米处的五乳峰下，有一个达摩洞，就是当年达摩大师面壁的地方。

一、少林寺

少林寺的兴衰

少林寺，不仅是闻名中外的少林武术发源地，也是声名显赫的佛教圣地，在佛教界被尊为"禅宗祖庭"。少林寺千佛殿的西侧是地藏殿，殿内南北两面供十大阎罗王神位，是道教的；后壁绘制的二十四孝图，则是儒家的，并承认释迦牟尼、孔子、老子都是"至圣"，强调三教九流为善殊途，各有所施。钟楼前开元碑碑阴刻"混元三教九流图赞"，图面是释迦牟尼、孔子、老子三圣合体像，赞语是"三教一体，九流一源。百家争理，万法一统"。

建于495年北魏时期的嵩山少林寺，就其始建有很多民间传说。

嵩山少林寺山门

传说北魏孝文帝委托印度高僧跋陀在嵩山选一座寺址,选址标准是"龙虎相亲地,如来身下边,睡莲花心内,轩辕古道前"。千寻百觅中,跋陀登上少室山连天峰。他依稀看到,五乳峰下,一座七进院落、殿宇辉煌的寺院,掩映在苍木绿林之中。惊讶的跋陀欲向其朝拜时,那寺院转眼消失得无影无踪。

回京后,跋陀奏明孝文帝,把在连天峰看到的奇观视为天启佛意,便在五乳峰下建起少林寺。

就少林寺的佛教传承来看,不得不提到达摩祖师。北魏时,达摩一苇渡江,来到了嵩山少林寺。这位禅宗始祖在少林寺留下了衣钵传承的故事。

那时候有一位叫作神光的高僧,在南京雨花台开坛讲经时,听他讲经的人里三层、外三层,围得水泄不通。当他知道达摩是精通佛法的印度高僧后,就追随到了少林寺。

神光一心一意拜达摩为师，达摩不知神光有无诚心，便婉言拒绝。神光并不灰心丧气，仍步步紧跟达摩，侍立其后，精心照料，形影不离。在一个严冬的日子，达摩在坐禅，神光侍立一旁。大雪淹没了神光的双膝。达摩开定后便问："你这是干什么？"神光答道："向佛祖求法。"达摩沉思片刻说："要我给你传法，除非天降红雪。"神光意识到这是圣僧在指点他，毫不犹豫地抽出随身携带的戒刀，向左臂砍去，顿时鲜血飞溅，染红了地下的积雪和神光的衣衫。此举惊动了佛祖如来，随手脱下袈裟，抛向东土。霎时，整个少林红光笼罩，彩霞四射，鹅毛似的大雪片被鲜血映得通红。达摩感到神光信仰禅宗态度虔诚，即传衣钵、法器于神光，并为他取法名"慧可"，慧可遂成为中国禅宗的"二祖"。因中国禅宗初祖至五祖师徒间传授道法，常附衣钵为信，后来人们就用"衣钵相传"来比喻技术、学术的师徒相传。

嵩山少林寺塔林

嵩山少林寺"天下第一名刹"牌坊雕刻

少林寺是由皇家始建的寺院，并且备受历代宫廷关注，总是与皇廷风暴、政治动荡密切相连。

北魏孝文帝崇释尚佛，带来佛教在中国的第一次兴盛。北齐时期，僧侣半天下，仅洛阳一带，佛寺竟达1300多所，消寺减僧的呼声响彻朝野，两种力量的对峙直到少林寺建寺79年，佛教在中国遭到了第一次毁灭性的打击，少林寺寺内佛殿、佛像尽毁，僧人悉数离散。

之后，少林寺在唐代能够达到极盛，是"十三棍僧救唐王"的历史壮举为其奠定了基础。穷奢极欲的隋炀帝招致民怨沸腾，王世充攻取洛阳后自封为郑王，李世民父子兵临洛阳，就在李世民阵前夜巡时，被王世充部下擒获，囚在洛阳。李世民阵前落入敌手的消息传到嵩山，少林寺武僧昙宗率十三棍僧深夜潜入洛阳城，成功将李世民从死牢中救出，还生擒了王世充的侄子王仁则，王世充被迫举起了降旗，使城中百姓免于一场血与火的劫难。

李世民登基后，不忘十三棍僧舍生忘死救驾之功，对少林寺高封厚赠。后来，随着佛教在中国的发展，少林寺也在历史的波涛里兴衰起伏。少林寺曾经是中国藏经最多的寺院，宋太宗即位后，更钦封少林寺为"天下第一名刹"；明朝，是少林寺持续最久的黄金时代；清朝，康熙御笔亲书"少林寺"，雍正、乾隆都曾为少林寺题词、赠诗。

1928年，少林寺遭到了隋唐以来最大的浩劫，在军阀混战中，因仇恨燃起的大火烧了45天，大火过后，孤零零的山门内，只剩下劫后余生的千佛殿。

1982年，电影《少林寺》蜚声寰宇，将这座深山古刹重新展示在世人面前。

少林寺武僧

在电影和电视作品中时常看到少林寺武僧的故事。那么历史上的少林寺僧兵是何时出现的，真的如戏剧里那样发挥过很大的政治作用吗？

关于少林寺僧兵，一般认为起源于唐初李世民

嵩山少林寺武术石浮雕

与王世充大战中，十三棍僧救唐王有功，唐王李世民取得天下后，颁诏允许少林寺常备僧兵。但是僧人职责本来是静心修佛而已，其他的寺院绝大多数也都没有练武这门功课。为何单单少林寺可以有僧兵，又有"天下功夫出少林"一说？那么少林武术又源自哪里呢？要回答这些问题，我们就不得不追溯到少林寺初建之时，以探其发展历程。

北魏孝文帝在五乳峰下修建了少林寺。少林寺的创立者跋陀，在其

主持少林寺时，弟子们潜心修行，暗喻习法，与世无争，完全是虔诚的佛教徒，与习武毫无关联。

> **知识小百科**
>
> **少林寺风景区**
>
> 　　少林寺如今也是嵩山一处风景区。以突出禅宗、武术为特色的少林寺景区，地处嵩山西麓的少室山阴，四周群山环峙，少溪南流，翠柏蓊郁，景致幽雅。景区内有石僧迎宾、少林寺、塔林、武术馆、达摩洞、初祖庵、二祖庵、永泰寺、少室阙等著名景观。

　　但是跋陀有几个弟子功夫却是非常了得。他最得意的弟子慧光，12岁时就能在井栏上反向踢毽子五百下；他的另一个弟子僧稠，武功更是不凡，可以"横踏壁行，跃至梁首"。相传他曾经在山中遇到两只猛

嵩山少林寺武术馆

虎相斗，竟然手提锡杖，上前将两只猛虎赶跑。

有人认为，那时少林寺的僧人每日间都是静坐，难免精神疲倦，在静坐之后适当地活动身体，舒展筋骨，便渐渐形成了习武的习惯。另外，少林寺处于深山密林中，经常有猛兽出没，所以每个僧人都要会一些武术，用来防身，因而促成了少林武术的发展。

后来少林寺的财产日渐丰盈，引得当地的土匪时常会来抢掠和侵扰，迫使少林寺僧人不得不加紧习武，用以看家护院。后来不断地增加僧兵武装，到隋末唐初时，少林寺的武僧已经是一支能征善战的队伍了。

而此时正值李渊逼隋恭帝退位，以自立为帝。隋东都留守元文都、左武卫大将军王世充拥立隋越王杨侗为帝，这一时期起义军遍地，天下大乱。

619年，王世充废掉越王杨侗，自称皇帝，建国号郑。占领了洛阳至嵩山一带的大片土地。少林寺的资产也被王世充霸占很多，利益受到巨大损害。620年7月，李世民率军讨伐王世充，战争持续了很久，最终李世民取得了胜利。在李世民登基后，多次赐予少林寺田产和物品。此后，少林寺的武术也开始名扬天下，僧人习武的风气更加盛行。后来历代也有所发展。

到了宋代，传说宋太祖曾来少林寺，还调遣各路诸将轮驻少林寺，一来授艺于僧兵，二来取少林武术之长。元朝时，少林寺方丈福裕被皇帝任为国师，他倡导武术，支持僧兵练武。明代是少林寺僧兵规模最大的时期，少林寺僧兵应诏抗倭立功的就有500多名，寺院常备僧兵达到千人以上。

清代，少林寺有反清复明之嫌，朝廷多次降旨，禁止习武，少林寺僧兵作为一种制度，就逐渐衰落了。喜欢习武的武僧，只能自己偷偷练习。

二、其他历史文化古迹

嵩山展示了中华民族8000年历史进程。距今9000年到7000年的裴李岗文化在嵩山地区有43处遗址，数量之多、分布之密为全国之冠。距今4500年到4000年的龙山文化遗址在嵩山地区更是星罗棋布，其中有王城岗遗址和八方遗址，分别是全国和河南省重点文物保护单位。

裴李岗文化红陶深腹罐

嵩山是中国古代天文学和建筑学的圣地，佛、道、儒三教荟萃，少林寺、中岳庙、嵩阳书院鼎足而立。

五岳中规模最大、档次最高的道教建筑群是嵩山中岳庙。中岳庙始

嵩山中岳庙

建于秦朝，后来汉武帝、武则天和赵匡胤等皇帝仿照皇宫对其进行了扩建。现存的中岳庙为清朝乾隆皇帝仿照北京故宫所建，故又名"深山故宫"。

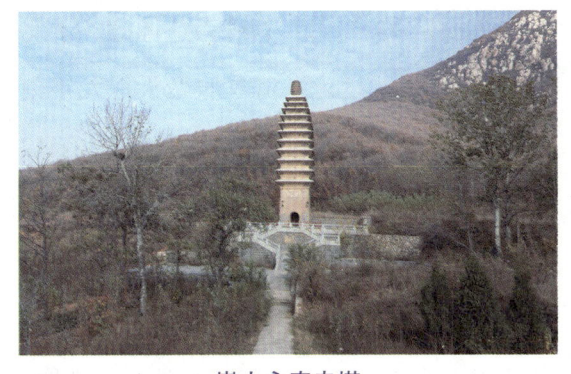

除了少林寺，嵩山著名的佛寺还有会善寺、嵩岳寺、永泰寺、清凉寺等。嵩山的佛教寺院不仅传承和发展了佛教，而且在建筑艺术、碑刻艺术、书法艺术、绘画艺术等方面留下了众多的文化精品，积淀了深厚的佛教文化内涵，是一笔宝贵的文化财富。

嵩山永泰寺塔

嵩山的佛教文化艺术遗存中最突出的是数量众多、造型各异、历史悠久的古塔群。嵩岳寺塔是我国现存最早的砖塔，塔高40余米，平面为等边十二角形，是我国各类名塔建筑中的一个孤例，历经1400多年，仍巍然屹立，塔形未有变动；法王寺隋代舍利塔为四角抛物线形的正方形塔，高15层，约40米；永泰寺唐代佛塔，为四角正方形密檐式砖塔；会善寺唐代净藏禅师塔是我国现存最古老的八角形砖塔；少林寺塔林有唐、宋、金、元、明、清各代的砖石墓塔二百余座。嵩山古塔群是综合研究我国古代砖石建筑和雕刻艺术的宝库。

嵩山启母阙

嵩山中岳庙五岳真形之图碑

另外，碑刻、书法、绘画艺术珍品也得以保存下来。其中，刘碑寺造像碑，于北齐文宣帝天保元年刻立，碑座前后有12个浮雕武士像、大佛像，雕工艺术精美，书法峻拔有力；会善寺《中岳嵩阳寺》碑刻于东魏孝静帝天平二年，碑首雕有盘龙、佛像，其雕工之精、线条之美、布局结构之匀称，为古代石刻所罕见。另外，还有少林寺的《大唐天后御制诗书》碑，唐《灵运禅师塔铭》，元《息庵禅师》碑，明《释迦如来以迹灵相图》碑，明《题达摩面壁》草字碑；会善寺的《北齐造像》碑，《唐代宗教牒戒》碑，《道安禅师》碑，唐颜真卿《天中山》碑；永泰寺的《大唐中岳永泰寺》碑，唐高岑的《佛顶尊圣陀罗尼咒》，宋蔡京的《面壁之塔》，清《达摩面壁图》，唐《皇唐嵩岳少林寺》碑等。

参考文献

[1] 威廉·埃德加·盖洛.中国五岳[M].彭萍,马士奎,沈弘,译.济南:山东画报出版社,2006.

[2] 谭业刚.中华五岳大事记[M].济南:山东画报出版社,2006.

[3] 李振华,李乃杰.五岳探秘[M].济南:山东画报出版社,2007.

[4] 刘慧著.泰山宗教研究[M].北京:文物出版社,1994.

[5] 袁爱国.泰山神文化[M].济南:山东大学出版社,1991.

[6] 路宗元.中国·泰山:世界自然文化遗产[M].青岛:青岛海洋大学出版社,1993.

[7] 党军.西岳华山[M].北京:书华书局,1982.

[8] 邵友程.西岳华山[M].北京:地质出版社,1984.

[9] 褚赣生.五岳独尊:山的文化考证[M].长春:长春出版社,2008.

[10] 鲁湾,齐石.巍巍五岳[M].哈尔滨:黑龙江教育出版社,1992.

[11] 阙维民,谢凝高,陈耀华,宋峰,王连勇,刘业成.世界遗产视野中的中国五岳[J].人文地理,2009(4):13-14.

[12] 郑国铨."五岳"与传统文化[J].华夏文化,1994(1):56.

[13] 张立方.五岳祭祀与曲阳北岳庙[J].文物春秋,1993(4):4.

[14] 安泰.巍巍五岳话泰山[J].中国地名,2007(1):28.

[15] 陈中原."三山五岳"的由来[J].建筑工人,2001(8):17.

[16] 成燕,李晓光.五岳共祈福民俗闹嵩山[N].郑州日报,2009,2(27):18.

［17］王恩田.东岳泰山考辨［J］.济南教育学院学报,2002（3）:21.

［18］鹿锋.泰山经济价值论［J］.岱宗学刊,1999（1）:62.

［19］刘凌.泰山文化研究的多元深化［J］.泰安师专学报,1996（3）:27.

［20］张贤雷.泰山儒释道文化的互动与变迁——以泰山神信仰为例［J］.山东科技大学学报（社会科学版）,2009（2）:15.

［21］袁爱国.泰山民间工艺［J］.民俗研究,1996（1）:8.

［22］刘刚.衡山考——宋玉辞赋地名考之一［J］.江汉论坛,2005（4）:36.

［23］谢守红,胡立强.衡山宗教文化与旅游开发［J］.衡阳师范学院学报（社会科学）,2003（2）:27.

［24］熊绍华,杨载田.衡山景观资源开发［J］.人文地理,1992（1）:21.

［25］沈玉昌.湖南衡山的地文［J］.地理学报,1950（2）:16.

［26］伍海琳,崔海波.衡山风景名胜区散客满意度调查及对策研究［J］.旅游论坛,2011（3）:65.

［27］李强,王梅英.嵩山主峰的形成及演变［J］.成都理工大学学报（自然科学版）,2008（3）:3.

［28］宋云飞,付其建.中岳嵩山宗教旅游开发研究［J］.河南机电高等专科学校学报,2006（1）:2.

［29］杜金鹏.华夏文明之根——嵩山地区在华夏文明起源及早期发展中的地位［J］.中原文物,2002（2）:18.

［30］尹江勇,苑海震.嵩山文化甲天下［N］.河南日报,2006,11（14）:4.

［31］闵智亭,王亦巍.道教名山西岳华山［J］.中国道教,1987（2）:17.

［32］韩理洲,张卫宏.西岳华山与陕西旅游文化［J］.陕西省行政学院.陕西省经济管理干部学院学报,2002（2）：26.

［33］徐春茂.雄伟险峻的西岳华山［J］.中国地名,2007（2）：17.

［34］宋保平,赵静.华山风景名胜区游览线路建设的探讨［J］.西北大学学报（自然科学版）,1999（1）：23.

［35］张剑扬.恒山宗教探源［J］.雁北师院学报,1995（1）：52.

［36］孟娜,苏宗印.古北岳恒山考［J］.保定学院学报,2010（2）：37.

［37］上官铁梁.恒山种子植物区系地理成分分析［J］.西北植物学报,2001（5）：8.

［38］林源祥,黄旭东,赵健溶.恒山风景名胜区绿化规划［J］.中国园林,1987（3）：65.

图片授权
中华图片库
北京全景视觉网络科技有限公司
林静文化摄影部